배우는 부모 행복한 아이

- 유아기 자녀를 위한 부모역할 -

연미희 · 김진숙

태영출판사

머리말

우리는 좋은 부모가 되기 위해 항상 부모교육을 받는가? 실제로 부모가 자녀를 잘 키우기 위해 항상 배우는 것은 아니다. 그렇다고 부모역할은 저절로 쉽게 되는 것도 아니므로 좋은 부모역할은 배워야 할 수 있다. 특히 부모–자녀관계는 가장 아름다운 사랑의 관계로 어려서부터 부모의 따뜻한 사랑을 받고 자란 아이는 사랑을 학습하고 신뢰감을 갖게 되어 커서도 부모를 깊이 신뢰하고 존경하게 된다. 이렇게 중요한 부모와 자녀의 관계를 사랑스런 관계로 계속 유지하고 싶지 않은 부모가 있을까?

그러나 사회가 점차 급속하게 변화함에 따라 부모–자녀관계 역시 변화해 가고 있다. 부모 자신들 또한 더 이상 사랑만으로는 자녀를 양육하는 것이 충분하다고 생각하지 않게 되었다. 오랫동안 부고교육 프로그램을 진행하면서 만난 부모들로부터 부모역할에 도움이 되는 지침서를 소개해 달라는 이야기를 많이 들어왔다. 이러한 부모들의 자녀 양육상의 어려움을 도와주고자 이 책은 부모와 자녀 간에 일상생활에서 경험하고 있는 많은 어려운 문제를 해결하는데 도움이 되는 여러 가지 방법을 제시하였다. 즉 자녀의 인격형성에 중요하고 기본적인 자질을 길러 줄 수 있는 부모역할에 중점을 두었다.

그러나 여기에 나오는 부모들처럼 한다고 100% 성공한다고 생각하면 안 된다. 왜냐하면 어떤 아이에게는 효과적이지만 다른 아이에게는 비효과적일 수가 있고, 또 같은 아이에게도 처음에는 효과적이었던 것이 나중에는 비효과적일 수 있기 때문이다. 그래서 부모들은 자신의 자녀에게 알맞은 방법을 꾸준히 찾아내는 노력이 필요하다.

이 책은 다음과 같이 활용할 수 있다.

첫째, 유아기 자녀를 양육하는 부모들의 부모역할 지침서로 사용한다.

둘째, 유아교육기관의 부모교육 자료로 사용한다.

즉, 10개의 주제를 적절하게 활용하여 부모교육 강연회나 가정통신문, 토의 자료, 부모역할훈련 프로그램으로 부모교육을 실시할 수 있다.

셋째, 대학의 부모교육 수업에서 부교재로 사용한다.

아무쪼록 이 책을 활용하여 열심히 '배우는 부모, 행복한 아이'가 되어 행복한 부모－자녀관계가 되었으면 하는 바램이다.

2006년 2월

저자 씀

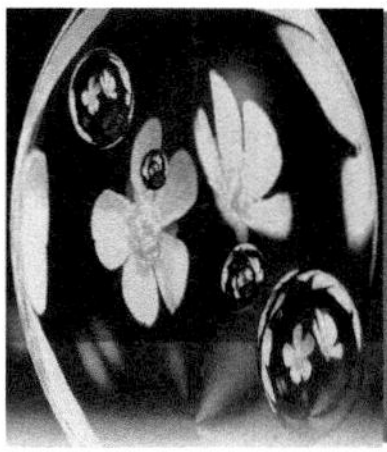

차 례

첫 번째 주제

좋은 부모가 되자.

"Parental love is as natural as rain, parenting skills need to be taught."

- William Raspberry -

1. 나는 어떤 부모인가?

우리는 좋은 부모가 되기를 바란다. 또한 성공한 부모가 되기를 원한다. 어떻게 하면 좋은 부모, 성공한 부모가 될 수 있는가?

"가장 성공한 부모"

부모들이 행복하면
아이들 인생도 행복할 수밖에 없어
그러니 자신들이 행복하게 사는 모습을
어떻게 자녀들에게 보여줄까 그 궁리나 해.
그게 조기유학 보내는 것보다 훨씬 아이들을
훌륭하게 키우는 방법이야.
아이들이 '우리 부모님 참 괜찮은 사람들이야.'하는
생각을 할 수 있다면 이미 얘기는 끝난 거야.
세상에서 가장 성공한 부모가 되는 거지.

고도원의 아침편지에서 읽은 글인데 요즈음의 부모들에게 많은 것을 생각하게 한다.

실제로 부모유형을 엄격함과 자애로움의 측면에서 살펴보기로 하자. 엄격함이란 확고한 원칙을 가지고 정해진 바를 일관성있게 밀고 나가는 것을 말하고 자애로움이란 자녀에 대한 신뢰를 가지고 따뜻하고 관대하게 대하는 것을 말한다.

1) 자애롭기만 한 부모

요즈음에 가장 많은 유형으로 허용적인 부모라고도 한다. 이 유형의 부모는 자녀의 요구를 다 들어주고 자녀에게 많은 것을 양보하며 자녀의 잘못된 행동을 간과하거나 허용한다.

때로는 극단적으로 벌을 주거나 분노를 폭발하여 부모 스스로 죄책감을 느끼기도 한다.

이 유형의 부모에게서 자란 자녀의 특성은 자기 통제가 부족하여 공격적이고 충동적인 행동을 보인다. 또한 쉽게 좌절하고 자신감이 부족하며 버릇없고 의존적인 모습을 보인다. 그러나 인정이 많고 따뜻한 면도 있다.

그러므로 이 유형의 부모는 자신의 입장을 분명히 하고, 말과 행동이 일치해야 하며 권위를 세울 필요가 있다. 자녀가 잘못된 행동을 했을 때는 부모는 침착하게 적절한 벌을 주어야 하며 자녀가 떼를 쓰거나 벌에 대해 저항할 때는 단호하게 대처해야 한다.

2) 엄격하기만 한 부모

이 유형의 부모는 규칙을 엄격히 강요하고 칭찬을 하지 않으며 자녀가 잘못한 점을 곧 바로 지적한다. 자녀의 잘못된 행동은 반드시 처벌해야 한다고 생각하며, 부모의 권위에 의문을 제기하거나 반발하는 것을 허락하지 않으므로 권위적인 부모라고도 한다.

엄격한 부모에게서 자란 자녀는 책임감이 강하고 예의가 바르나 지나치게 복종적이고, 수동적이며 두려움이 많고 항상 긴장하고 불안해하는 특성이 있다. 또한 죄책감을 많이 느끼고 우울하며, 남의 눈치를 보고 스트레스를 받기 쉬우며 부정적 자기이미지와 자기 비하감을 갖게 된다.

그러므로 엄격한 부모는 자녀에게 자주 사랑을 표현해야 하고 칭찬을 많이 해야 한다. 그리고 자녀가 잘못된 행동을 했을 때는 그 아이 전체를 비난하지 말고 자녀의 행동에 대한 잘못을 지적해야 한다.

3) 엄격하지도 자애롭지도 못한 부모

가장 바람직하지 못한 유형으로 자녀에게 무관심하고 무기력한 부모유형이다. 부모는 자녀를 믿지 못하고 칭찬도 벌도 주지 않고 비난만 한다.

이 유형의 부모에게서 자란 자녀는 세상과 타인에 대한 불신감이 많고, 반사회적인 성격이 형성된다. 적대감이 많고 혼란스러워하며 좌절감도 많이 느낀다.

그러므로 이 유형의 부모는 자녀 자체를 항상 수용해야 하고, 아이의 욕구와 상태에 대해 관심을 기울여야 한다. 또한 자녀의 바람직하지 않은 행동은 꾸중하고 벌을 주되, 바람직한 행동은 칭찬해야 한다.

4) 엄격하면서 자애로운 부모

가장 바람직한 유형으로 민주적인 부모를 말한다. 부모는 자녀를 장점과 단점을 아울러 지닌 한 인간으로 간주하고, 자녀의 연령에 적합한 성숙하고 독립적인 행동을 기대한다. 자녀가 일으키는 문제를 정상적인 삶의 한 부분으로 생각하고, 자녀의 잘못을 벌할 때도 아이가 가진 잠재력을 인정한다. 또한 자녀에게 적절하게 좌절을 경험케 하여 자기 훈련의 기회를 제공하기도 한다.

이 유형의 자녀의 특성은 원만한 인간관계를 유지하며 자신감이 있고 목적이 분명하다. 또 성취동기가 높고, 자기 통제적이며, 새로운 상황에 관심과 호기심을 보이며 즐겁게 생활한다. 어른들에게 협조적이고 또래와 친근한 관계를 가진다.

우리의 전통적인 부모유형은 엄부자모(嚴父慈母)의 유형이라고 할 수 있다. 즉 아버지는 엄하게 다스리고 어머니는 자애롭게 감싸준다는 말이 된다. 중요한 점은 아버지가 엄하고 어머니가 자애로워야 하는 것이 중요한게 아니라 자녀가 올바로 자라나기 위해서는 엄한 면도 있고 자애로운 면도 있어야 한다는 것이다. 그러므로 부모는 자녀가 잘못을 했을 때는 엄하게 다스리지만 칭찬해 줄 것은 자애롭게 칭찬해 주는 조화로움이 있어야 한다는 것이다.

과연 나는 어떤 유형의 부모인가?

2. 부모역할

많은 아버지들은 "내가 부모가 되자 내 인생은 변화했다. 나는 아내를 점차 아이의 어머니로 보게 되었다. 나는 자신도 달리 보게 되었다."고 하며 부모가 되면 달라진다고 이야기한다.

그러나 결혼이 선택이듯이 결혼한 부부들 역시 모두 부모가 되는 것은 아니다. 또 결혼한 부부라 할지라도 자신이 자녀를 가져보기 전까지는 부모역할에 대해 정확하게 알 수 없기 때문에 대부분의 부모들이 사회적으로 인식되고 있는 부모역할에 대해 잘못된 믿음을 가지게 된다. 보통 이러한 믿음은 사실을 낭만적으로 보이게 하는 경향도 있으나 그 반대인 경우도 있다. 따라서 막상 부모가 되어서는 기대했던 것보다 더 좌절하는 일이 많다는 것을 깨닫게 되어 더 큰 문제가 야기되기도 한다.

그러므로 이러한 잘못된 믿음을 갖고 자녀를 가졌을 경우, 부모로서의 역할과 기능을 수행하는데 어려움을 겪게 된다.

우리가 갖고 있는 부모역할에 대한 잘못된 믿음을 살펴보자.

· 자녀를 키우는 것은 자연적인 본능인가?
· 좋은 부모는 항상 무조건적인 사랑을 느끼는가?

· 자녀를 키우는 것은 재미있는가?
· 부모가 원하는 대로 자녀를 키울 수 있는가?
· 좋은 부모를 만나면 아이들은 훌륭하게 성장하는가?
· 자녀가 부모의 결혼생활을 향상시키는가?
· 자녀가 없으면 부부는 불행한가?
· 요즈음의 젊은 부모들은 예전의 부모들만큼은 못하는가?
· 오늘날 자녀들은 부모가 해주는 모든 것에 대해 감사하는가?
· 자녀가 올바르게 성장하지 못한다면 부모의 책임인가?
· 문제 자녀는 없고 문제부모만 있을 뿐인가?
· 자녀가 성장하면 부모로서의 임무는 끝나는가?
· 자녀가 성장하여 집을 떠나면 부모들은 허탈해지는가?

나는 부모역할에 대해 어떤 믿음을 가지고 있는가?

부모역할은 자녀가 건강하고 독립심과 책임감 있는 어른으로 성장할 수 있도록 도와주는 데 그 목적이 있다. 그러므로 부모의 임무는 자녀와 따뜻한 감정적 관계를 확립하여 자녀가 행복하고 능동적인 자세로 세상을 대하도록 하는 것이며, 또 자녀가 능력을 개발하고 확장 할 수 있는 기회를 제공해 주어 자아완성과 자신감을 갖게 하는 것이다.

그러므로 부모는 부모역할에 대한 잘못된 믿음에 얽매이지 말고 부모가 되기 위해서는 적극적인 준비와 적응이 필요하다.

첫째, 부모됨에 대한 준비성으로, 부모가 되고자 하는 강한 욕구가 필요하다. 그러므로 초혼의 젊은 부부보다 비교적 늦게 결혼한 부부가, 또 결혼 후 즉시 자녀를 갖기보다는 어느 정도 시간을 두고 기다린 경우가 부모됨의 책임과 부담을 기꺼이 받아들이는 경향이 있다.

실제로 자녀를 둔 부모들이 준비없이 부모가 되어 힘들었던 경험을 다음과 같이 이야기를 한다.

"자녀를 셋 두었는데 한 번도 준비를 한 적은 없었어요. 결혼 후 바로 임신을 하게 되었고, 첫째와 둘째가 연년생으로 제일 힘들었어요. 그래서 큰 아이에게 소홀하고 많이 혼내면서 키웠어요. 그 시기가 무척 힘들어서 지금도 어린 아기를 보면 예쁜 줄 모르겠어요."

"첫째 아이를 키우면서 힘들어서 둘째를 낳지 않기로 결정했어요. 자녀는 하나로 만족해요."

둘째, 부모됨에 대한 교육이다. 현대는 가정에서 부모됨에 대한 교육이 거의 없고 사회에서도 부모역할에 대한 교육이 부족하다. 새로 부모가 된 이들은 갑자기 어린 아기의 24시간 계속되는 요구에 따라야 하는 여유없는 일과에 당황하고, 일관성없이 쏟아지는 수많은 육아정보 가운데 어느 것을 따라야 할지 혼란을 느낀다.

실제로 부모교육을 수강했던 부모들의 반응을 들어보자.

"부모역할이 이렇게 힘들고 중요한지 몰랐어요. 내가 정한 기준에 따라 하면 모든 것이 잘 되리라 생각했어요. 부모교육을 받으면서 많이 반성하고 우리 아이들에게 미안한 마음이 들었어요."

"부모교육을 통해 제 자신을 많이 반성했어요. 일상적인 생활에서 이 방법대로 실행하기는 힘들지만 올바른 부모가 되기를 원한다면, 자녀의 행동을 보는 부모의 시각부터 바뀌어야 하지 않을까요."

"부모교육은 우리의 가정생활에 많은 혁명을 일으켰어요."

"부모교육을 통해 배운 기술을 매주 적용하면서 나는 우리 아이들을 신뢰하게 되었어요.

남편과의 관계도 조금씩 좋아지고 있음을 느끼고, 중요한 것은 내 자신이 긍정적으로 변화했어요. 결혼을 앞둔 예비부모들에게 부모교육을 적극적으로 권하고 싶어요."

"올바른 부모역할이 이렇게 힘든 것인가. 별 생각없이 부모 노릇할 때는 죄책감 없이 잘 되어가는 듯했는데 교육을 받고, 보다 더 좋은 부모가 되려고 하니 정말 어려워요."

셋째, 부모간의 역할의 재규정이다. 취업모의 경우 아기를 돌보기 위해 직업을 포기하지 않고 양립이 가능할 수 있으려면 아버지의 적극적인 자녀양육 및 가사협조가 요구된다.

그러나 무엇보다 중요한 것은 부모의 정서적 성숙 및 정신건강과 더불어 부모됨에 대해 가치를 부여하는 일이다.

실제로 취업모의 경우 아기를 돌볼 때가 가장 힘들었다고 다음과 같이 이야기한다.

"첫아기를 낳고 나서 너무 힘들어서 직장을 포기했어요. 몇 년이 지난 후 생각해보니 그 때 가족들의 도움이 있었다면 아이도 양육하고 직장생활도 할 수 있었는데 하는 아쉬움이 있어요. 특히 남편에게 서운한 점이 많아요."

"직장생활을 하면서 자녀들이 어렸을 때가 제일 힘들었어요. 퇴근 후 귀가하면 많은 집안일이 나를 기다리고 있고, 항상 잠이 부족해서 피곤했어요. 남편과 가족들의 적극적인 협조가 필요해요."

"다시 여자로 태어나면 결혼을 해도 아이는 낳지 않을 거예요."

3. 자녀의 발달단계별 부모역할

자녀가 성장하면 아이들의 관심이나 능력, 욕구 등이 변화하듯이 부모역할도 변화해야 한다. 비록 좋은 부모역할에 대한 기본원리가 영아기에서 청소년기까지 동일하지만 이 원리를 실제로 자녀어게 적용하는 방법은 자녀의 발달 단계에 맞추어야 한다. 즉 좋은 부모역할은 융통성이 있어야 하며 자녀의 발달단계에 맞추어 해야 한다.

그러므로 자녀의 발달단계에 맞추어 부모역할을 하려면 발달이 무엇인지, 왜 발달이 일어나는지를 알아야 한다. 즉 다음의 네 가지 사항을 알아두는 것이 중요하다.

첫째, 자녀가 한 단계에서 다음 단계로 발달할 때는 자녀의 외적 세계 뿐 아니라 내적 세계도 변화하는 것이다. 즉 신장, 체중의 변화와 함께 생각과 감정, 능력, 타인과의 관계, 자신을 바라보는 관점 등도 변화하는 것이다.

둘째, 자녀가 성장해가는 심리 발달단계는 예측이 가능하다. 그러므로 이 예측가능성은 자녀들이 성숙해가는 모습을 쉽게 예상할 수 있도록 해준다. 그런데 많은 부모들이 영아기에는 많은 노력을 기울이지만 그 후에는 영아기 때 쏟았던 노력을 하지 않는다고 한다.

셋째, 부모나 자녀는 신체발달 단계나 특성은 통제할 수 있으나 심리발달 단계나 특성은 통제하지 못한다는 점이다. 자녀의 각 발달단계는 부모를 기쁘게 하는 특성도 있지만, 때로는 부모를 좌절시키고 당황하게 하는 특성도 있다. 그것이 발달의 특성인 것이다.

자녀의 발달은 발달의 시간표대로 진행된다. 그러므로 부모는 신체 발달이나 심리 발달을 자녀들에게 성급하게 서두를 필요는 없다.

넷째, 자녀가 성장 발달해가면서 자신을 보다 긍정적으로 변화하도록 하는 힘은 부모와 자녀가 그 시기에 겪게 되는 어려움을 어떻게 극복하느냐에 달려있다. 그러므로 이러한 사실을 이해하면 어려운 시기를 긍정적인 관점에서 바라볼 수 있게 된다. 예를 들어, 독립심의 욕구가 강한 3세 유아는 배변훈련을 하게 하는 부모에게 '항상 싫어'라고 말한다.

그러나 부모역할은 부모와 자녀가 이기고 지는 싸움이 아니라, 부모가 자녀들이 건강하게 발달하도록 도와주는 일이다. 그러므로 부모가 할 수 있는 가장 최선의 길은 자녀의 발달단계에 맞추어 변화하는 것이다.

자녀의 연령변화에 따른 부모역할의 변화를 살펴보면 다음과 같다.

1) 영아기의 부모역할

영아기는 출생에서 생후 18개월까지를 말한다. 아기는 자신을 돌보는 부모의 행동에 많은 영향을 받으며 성장하는 한편, 아기의 행동도 부모의 심리적 발달과 양육태도에 영향을 미친다. 즉 아기는 부모의 돌봄을 받아들이기만 하는 수동적인 존재가 아니라 적극적으로 자신의 욕구를 표현함으로써 개성을 지닌 존재임을 알린다.

아기의 탄생은 부모에게 무한한 기쁨인 동시에 많은 부담과 어려움을 안겨준다. 이 시기의 자녀는 무력하고 의존적인 존재로서 24시간 부모의 보호와 양육을 요구한다. 그러나 대부분의 부모는 자녀가 탄생함으로써 일어나는 일상생활과 새로운 부모역할에 대해 거의 준비가 되어 있지 않다.

따라서 부모기로의 전환은 종종 위기로 간주된다. 어머니는 불면증과 만성적인 피로감, 외모 및 가사에 대한 걱정에 시달리며, 사회생활 및 직업을 포기해야 하는 경우도 있다. 아버지는 아내가 아기를 돌보느라 자신에게 소홀하다든지, 아내의 성적 반응이 감퇴한 것에 불만을 호소한다. 특히 첫아기를 양육하는 젊은 엄마는 자녀양육과 아이로 인한 생활상의 변화에 적응하는데 어려움을 느낀다.

이 시기는 체중과 신장 등 신체적 성장 속도가 가장 빠른 시기인 동시에 앉기, 기기, 서기와 걷기 등의 행동을 학습하고 울음, 옹알이, 한 단어 등으로 언어발달을 하는 시기이다. 생후 1년 동안은 아기가 자신을 돌보는 사람과의 특별한 관계, 애착을 기반으로 한 기본적 신뢰감을 형성하는 결정적인 시기이다. 그러므로 부모는 무엇보다 기본적 신뢰감을 형성시키기 위해 노력해야 한다.

(1) 기본적 신뢰감 형성을 돕는다.

기본적 신뢰감은 돌봐주는 사람이 아기의 기본적 욕구를 일관성 있고 민감하게 충족시켜 줄 때 그 사람에 대해 갖는 믿음을 말한다. 영아를 양육하는 사람이 영아가 불편함을 느낄 때 그 원인을 빨리 제거해 주고 일관성 있게 사랑과 관심, 놀이나 접촉, 자극 등을 통해 아동의 욕구를 충족시켜 주면 영아는 세상이 안전하고 확실하며 예측할 수 있고 살아갈 만하다는 믿음을 갖게 된다. 반대로 양육하는 사람이 일관성없이 부적절한 행동으로 영아를 돌보면 영아는 세상에 대해 두려움과 불신감을 갖게 된다. 그러므로 자신과 세상에 대해 기본적 신뢰감을 확고하게 갖는 것은 영아의 발달에 매우 중요한 일이다.

양육자에 대한 신뢰감은 의사소통 과정에서 형성된다. 영아는 우는 행동으로 의사소통을 한다. 그러므로 부모는 우는 소리에서 영아가 배가 고파서 우는지, 어디가 불편해서 우는지, 졸음이 와서 우는지 등의 표현 내용을 알아야 한다. 즉 영아가 신뢰감을 갖느냐, 불신감을 갖느냐 하는 것은 부모의 책임인 것이다.

만일 여러 사람이 영아를 양육하게 되거나, 수유나 놀이, 수면 등에 있어서 일관성이 없어서 환경을 예측하기가 어렵게 되면 영아가 다른 사람을 믿을 수 있는 신뢰감과 자신의 역량에 대한 신뢰감이 손상된다.

(2) 상호작용 및 다양한 자극을 제공한다.

부모와 영아는 서로 자극과 반응을 주고받는다. 이 상호성은 두 사람이 상호작용하는 동안 긍정적이든, 부정적이든 간에 서로 자극을 받는 평행의 줄다리기를 교환하는 것을 말한다. 이것은 어머니와 영아가 서로 눈을 마주보고, 소리를 교환하고 연속적인 반응을 나누는 것이다.

언어를 배우기 이전의 영아는 울음과 미소, 옹알이 등으로 자신의 의사를 표현하면서 상호작용에 참여한다. 민감한 어머니는 적절한 때에 자극을 주며 영아가 어떤 자극에 관심을 갖는지 반응의 단서를 파악한다. 또 어느 정도 자극하고 멈추어야 하는 시기를 알며 적절한 시기에 영아가 평온을 회복할 수 있게 한다.

또 아기는 상호성을 통하여 다른 사람이 자신에게 하는 행동에 자신도 영향을 줄 수 있다는 것을 알게 됨으로써 자신의 역량을 기르게 된다. 어머니가 영아의 기분과 요구를 무시하고 자신이 정한 발달기준에 맞추어 영아를 훈련하고 가르치려고 하면 영아의 자발적인 상호성의 발달을 방해하게 된다.

부모는 영아에게 흥미 있고, 자극을 주는 환경을 제공하여 영아가 자기 주도적인 활동을 할 수 있도록 도와주어야 한다. 그러나 부모의 역할이 환경을 제공하는 것으로 끝나서는 안 된다. 부모는 영아를 가르치는 교사이므로 환경의 제공과 더불어 행동의 본보기로서 영아의 활동에 참여해야 한다.

2) 걸음마기의 부모역할

걸음마기는 생후 18개월에서 36개월까지의 시기로서 아이들이 걸음마기로 발달해 가면서 놀라운 일들이 일어난다. 걸음마기가 되면 부모가 돌보아 주어야만 하는 수동적인 아기에서 놀랄만큼 활동적이고 독립된 인간으로 변화해 간다. 신체적으로 활동이 많은 아기를 보호하는 역할에 부모는 에너지를 모두 소비하게 되며, 아기의 안전에 대비하지만 어느 순간 일을 저지르고 다치기도 한다.

대부분 걸음마기 부모들이 겪게 되는 가장 일반적인 문제는 아이를 위해 시간을 내는 것과 아이 뜻대로 하도록 하는 것, 한계를 정하는 것, 대소변가리기 훈련 등이다. 대부분의 부모는 아이가 요구하는 대로 일정한 시간을 내는 데 어려움이 많다고 한다.

대소변 가리기의 성공과 실패는 아이에게 일생을 통해 수치심과 회의감을 갖게 하거나 아니면 아이가 독립심과 자아존중감을 발달시키도록 도와주는 과정이 될 것이다.

(1) 자율성의 발달을 돕는다.

아기를 보호하는 역할보다 더 어려운 것은 자율성 즉 독립심 발달에 효과적으로 대처하는 것이다. 부모가 아기의 능력에 맞게 어떤 것을 하도록 아기의 요구를 인정해 주면 아기는 자신의 행동을 통제할 수 있는 능력을 발달시킨다.

아기가 자율성을 시험할 수 있도록 스스로 옷을 입어보게 하고, 장난감을 치우도록 하는 등 부모들은 많은 인내가 필요하다. 걸음마기 아기의 자율성 발달은 '싫어'라는 표현으로 나타난다. 아기는 부모가 자신에게 무엇을 기대하며 어떻게 반응할 것이라는 것을 배운다. 따라서 부모는 아기에게 선택권을 주어 싫다는 대답을 유도할 가능성이 있는 말을 하는 대신에 아기에게 기대하는 바를 이야기해야 한다. 자야 할 시간이 되었을 때 '이제 자겠니?'라는 말보다'잘 시간이다'라고 말하는 것이다.

아기가 부모에게서 독립하고자 할 때 부모는 아기의 정상적인 행동이 무엇인가를 인식하여야 하고 동시에 행동을 분명히 해야 하며, 일관성이 있어야 한다. 아기를 지도하는 적절한 기술은 부정적인 행동보다 긍정적인 행동에 관심을 가져야 하며 아기가 행동을 선택할 수 있도록 기회를 주어야 한다.

(2) 학습경험을 제공한다.

이 시기의 아기는 손으로 음식을 먹을 수 있고, 숟가락을 사용하여 음식을 입으로 가져가려고 노력한다. 이 때 부모는 혼자 할 수 있는 준비가 됐다는 것을 알아 미숙하더라도 숟가락을 주고, 숟가락으로 먹게 하며 여러 가지 방법을 사용하도록 한다.

그러나 부모는 아기가 필요로 할 때 도움을 줄 수 있도록 항상 관심을 기울여서 음식을 흘렸을 때 식탁이나 자신의 옷 등을 깨끗이 할 수 있도록 도와주어야 한다. 또 혼자서 바지를 입고 양말을 신는 단순한 행동을 할 수 있도록 하여야 한다. 바지를 올리고 내리는 행동은 대소변 가리기 훈련에서 필수적이므로 특히 중요하다. 대소변 훈련은 2세 전후에 이루어지지만 시기가 정해져 있는 것이 아니며 문화에 따라 그 시기와 방법은 다양하다. 이 때 부모가 아기의 훈련과정을 참고 견디면 아기가 자율성을 갖는데 도움은 주지만, 서두르거나 비판적인 태도를 보이면 자아존중감이 손상되고 수치심과 회의감을 갖게 된다.

자조능력의 학습경험 이외에 사회적 기술을 습득하게 위해서 부모는 자주 아기를 놀이 집단에서 놀게 하여야 한다. 자기의 순서를 기다리고, 장난감과 놀이시설을 공유하고, 만족을 지연시키고, 집단에 잘 협동하는 등의 기술을 습득할 수 있도록 도와주어야 한다. 흔히 이 시기의 아기들이 또래를 때리고 괴롭히는 것을 볼 수 있는데 이는 아기가 자아중심적이어서 남에게 해를 준다는 것을 인식하지 못하기 때문이며 언어능력이 부족하기 때문이다.

언어발달에 있어 부모의 역할은 사물의 이름을 반복하여 말하고, 아기가 말할 때 강화해 주어야 하며 가장 중요한 것은 언어의 본보기가 되는 것이다. 부모가 아기와 왜, 무엇을, 어떻게 등에 수백 번 답하고 질문하며, 책을 읽고, 언어를 지적발달의 가치 있는 도구로 생각하면서 자녀와 서로 이야기하는 정도는 초기 언어발달을 촉진시키게 된다.

호기심의 발달과 지적능력의 기초형성은 언어발달과 일정하게 관련된다. 아기들은 보고, 듣고, 만져보는 등의 감각을 사용해서 호기심을 나타내므로 호기심과 지적 발달을 위하여 부모는 안전한 환경에서 다양한 사물과 경험을 제공하여야 한다.

3) 유아기의 부모역할

유아기는 3세에서 5세까지를 말한다. 이 시기는 자녀가 빠른 신체적, 언어적, 인지적 발달을 이루면서 기본적인 생활 습관을 습득하고 행동반경이 넓어지며 환경에 대해 호기심을 갖고 적극적으로 탐구하는 시기이다. 특히 부모로부터 자신을 독립적인 개인으로 인식하여 자아가 형성되고 자율성이 형성되는 시기이다.

또한 자율성의 발달에 기초를 두고 주도성과 도전성이 극도로 발달하는 시기이며, 놀이 등을 통하여 주변 환경을 탐색하고 실험하고 공격한다. 언어의 발달로 질문이 많아지고 자신의 또래 친구들과 호의적인 관계를 맺고 긍정적인 교류를 하게 되는 친사회적 행동도 발달하게 된다. 반면 공격적 행동이나 잘못을 저지르는 일도 많기 때문에 부모로부터 처벌을 받게 되고, 이러한 처벌은 양심이나 도덕성발달에 중요한 바탕이 된다.

말을 배워 감정을 표현하기 시작하면서 마음이 내키지 않을 때에는 고집을 부리기도 한다. 또한 행동 범위가 넓어짐에 따라 부모가 자녀의 행동에 제한을 가해야 할 상황이 자주 발행한다. 이 시기에 부모는 자녀의 훈육문제로 고민하게 된다.

(1) 주도성의 발달을 돕는다.

이 시기의 유아는 다른 사람의 행동에 반응만 하는 것이 아니라 자신이 여러 가지 활동을 자율적으로 시작한다. 브모가 유아의 주도적인 활동을 지지하고 도움을 주면 주도성이 발달하게 되고, 반대로 부모가 유아의 행동을 제한하고 질문을 귀찮아 하면 죄의식이 발달하게 된다.

유아기에 환경을 탐색하도록 허용받고 격려받은 아이는 그러한 탐색활동을 주도하는데 주의력이 있고 쉽게 적응하지만 과잉 보호받거나 벌을 받은 자녀는 환경의 탐색을 하지 않는 경향이 있다.

유아의 지적 주도성은 질의응답을 통해 향상시킬 수 있다. 부모가 인내심을 가지고 유아의 질문에 반응하면 유아의 호기심과 탐색을 격려하게 되어 유아의 지적 발달을 돕게 된다.

(2) 훈육자로서의 역할을 한다.

부모는 자녀에게 기본적인 규칙과 제한을 두며 이를 잘 지키도록 하기 위해 훈육을 하게 된다. 훈육이란 유아를 지도하는 구체적인 행동으로서 부모는 어떤 형태로든 자녀의 행동을 통제하게 된다. 상과 벌은 가장 흔한 훈육의 형태로서, 부모는 자녀를 훈육하기 위하여 상과 벌을 사용하게 되는데 지나친 벌은 자녀에게 거부감을 주거나 마음에 상처를 남기기 쉽다.

그러므로 벌을 주기 전에 유아에게 부모가 어떤 행동을 기대하며, 기대에 어긋났을 때는 어떤 결과가 발생한다는 것을 알게 한다. 벌은 유아의 수준에서 이해되고 벌 받을 만하다는 생각이 들어야 한다. 부모는 항상 유아를 사랑하고 존중하는 태도로 벌을 주어야 한다.

(3) 자아개념의 발달을 촉진한다.

자아개념은 유아가 성장하면서 경험을 통하여 습득한 자기 자신에 대한 개념으로서 자기가 속한 환경에서 의미있는 사람들과의 상호작용을 통하여 발달하게 된다. 자아개념이 일단 형성되면, 유아는 자아개념을 통하여 모든 것을 이해하고 평가하기 때문에 자아개념은 유아행동의 중요한 기초가 된다. 특히 영 · 유아기에 온정적인 사랑을 충분히 받는 것이 나중에 좋은 자아개념을 형성하는 것과 관계가 있다고 한다. 또 자녀를 수용하고 존중하며, 민주적 양육태도를 보이는 부모의 자녀는 자아존중감이 높았다.

그러므로 긍정적인 자아개념의 발달을 위해 필수적인 조건은 유아에 대한 부모의 사랑과 수용, 부모의 민주적 태도, 서로 존중하는 부모-자녀 관계이다.

(4) 학습경험을 제공한다.

유아는 환경과의 경험을 통해 많은 것을 학습할 수 있다. 그러므로 유아에게 학습할 기회를 많이 주고 다양한 자료를 제공해 주면 유아기 동안 습득하여야 할 지적, 감성적, 사회적 능력을 발달시킬 수 있는 기초를 마련하게 된다. 또래관계, 놀이, 환경과의 상호작용, 특히 부모가 유아의 호기심에 어떻게 반응하느냐 하는 것이 유아의 학습경험에 영향을 준다.

4) 아동기의 부모역할

아동기는 만 6세에서 12세까지로 자녀가 초등학교에 다니는 시기이다. 아동기가 되면 아동의 역량과 독립심이 발달하면서 부모를 따르는 것이 점차 줄어들고 또래와의 관계가 깊어진다. 또 생활의 중심이 가정에서 학교로 옮겨지기 때문에 학교생활을 통해 사회생활에 필요한 여러 가지 지식과 다양한 기술을 습득하게 되며, 다양한 인간관계를 경험하게 된다.

이 시기에 부모는 자녀로 하여금 무슨 일이든 흥미를 가지고 작업하며 근면성을 발달시키도록 격려해야 하며 건전한 자아개념이 형성되도록 도와주어야 한다. 또한 부모는 가정 내에서 뿐만 아니라 가정 밖에서도 다양한 학습 경험을 제공해 주는 역할을 해야 한다.

(1) 근면성 발달을 돕는다.

이 시기의 아동은 학교생활에 적응하면서 여러 가지 필요한 기술을 배우기 시작한다. 아동이 가정이나 학교에서 주어지는 과제를 성공적으로 끝마치고 주위로부터 인정을 받게 되면, 매사에 더 열심히 잘 하려는 근면성을 발달시키게 된다. 그러나 주어진 과제를 잘 끝내지 못하면 실패를 거듭하게 되면 열등감을 형성하게 되고 부정적인 자아개념을 발달시키게 된다.

그러므로 아동이 근면성을 발달시키도록 하기 위해서 부모는 아동에게 지나친 기대를 하지 않고 아동의 수준에 맞는 적절한 과제를 부여하여 다양한 작업에서 성공의 기회를 주는 것이 중요하다. 이때 지나치게 간섭하거나 야단을 치면 열등감이 생기기 쉬우므로 아동의 수행을 지켜보면서 격려해 주어야 한다.

(2) 학습경험을 제공해 준다.

아동은 학교에 입학하면서 새로운 학습경험을 많이 함으로써 활동영역을 넓혀 나간다. 부모는 학습내용에서 어려움을 겪는 부분을 설명해주고 자료를 제공해 주는 조력자로서의 역할을 수행해야 한다.

뿐만 아니라 종교 활동, 봉사활동, 독서, 캠프, 수련단, 문화활동, 스포츠, 예능활동 등을 통한 학습경험을 풍부하게 제공하여 새로운 경험을 나누게 한다.

(3) 긍정적인 자아개념 형성을 돕는다.

자아개념은 타인과의 관계에서 타인이 자신을 어떻게 생각하고 대하는 가에 따라 결정된다. 부모나 교사, 또래 등과 같이 중요한 사람들이 아동을 존중하고 인정해 주면 아동은 자신에 대해 소중한 존재라는 긍정적인 자아개념을 갖게 된다. 그러므로 부모는 아동의 장점을 발견하도록 노력하고, 이를 인정해 주고 격려해 주어야 하며, 성공경험을 많이 하도록 환경을 조성해 주어야 한다.

✿ 내 용 요 점 ✿

부모유형	· 자애롭기만 한 부모 · 엄격하기만 한 부모 · 엄격하지도 자애롭지도 못한 부모 · 엄격하면서 자애로운 부모

부모역할 적응을 위한 준비	· 부모됨에 대한 준비성 · 부모됨에 대한 교육 · 부모간의 역할 재규정

자녀의 발달단계별 부모역할	
영아기의 부모역할	· 기본적 신뢰감 형성을 돕는다. · 상호작용 및 다양한 자극을 제공한다.
걸음마기의 부모역할	· 자율성의 발달을 돕는다. · 학습경험을 제공한다.
유아기의 부모역할	· 주도성의 발달을 돕는다. · 훈육자로서의 역할을 한다. · 자아개념의 발달을 촉진한다.
아동기의 부모역할	· 근면성의 발달을 돕는다. · 학습경험을 제공한다. · 긍정적인 자아개념 형성을 돕는다.

✿ 생각해 볼 사항 ✿

1. 당신과 배우자는 어떤 유형의 부모인가?

2. 당신은 첫아이로 아들을 원하는가, 딸을 원하는가? 그 이유는 무엇인가?

3. 부모로서 행복하고 즐거웠던 때가 언제였나?

4. 부모로서 힘들고 어려웠던 때가 언제였나?

5. 현대사회에서 꼭 필요한 부모역할은 무엇인가?

❁ 앞으로의 실천사항 ❁

1. 자녀가 좋아하는 책이나 텔레비전 프로를 함께 보고 이야기를 나눈다,

2. 휴일에 자녀와 함께 할 수 있는 활동(운동, 자원봉사, 박물관 견학, 대청소, 독서지도 등)을 해보고 생각과 느낌을 이야기한다.

* 출처 : 김진숙 외(1990). 바람직한 자녀와의 대화방법.

두 번째 주제

자녀의 자아존중감을 키워주자.

"Man does not live on bread alone. Many prefer self-respect to food."

- Mohandas K. Gandhi -

1. 자아존중감의 의미 및 중요성

자아존중감은 어디에서 오는가? 그것은 자기 안에 있는 신념에서 비롯된다. 즉 자기가 능력 있고 사랑스러운 인간으로서 성공하게 될 것이라는 신념에서 온다. 이러한 신념은 자기 자신을 귀하게 여기는 것으로서 '자아존중감'이라고 불린다. 우리 자신에 대해 좋게 생각할 때, 자신이 성공할 수 있는 좋은 기회를 가졌다고 생각할 때, 위험을 감수할 용기를 지니게 된다.

반면에, 자신을 대수롭지 않게 여기고, 자신을 마음 들어 하지 않고, 자신이 사랑받을 수 없으며, 능력이 없다고 여길 때에 자아 존중감은 떨어진다. 이러한 낮은 자아 존중감은 절망감과 두려움을 낳는다.

나이가 많건 적건 간에 인간은 누구나 낙심할 수 있다. 낙심하는 사람들은 감당할 만한 위험을 떠맡지 않으려 하고, 그럼으로써 발전이 저지된다. 또한 이러한 낙심으로 인하여 부적응 행동을 더 할 가능성이 많아진다.

나다니엘 브랜든(Nathaniel Branden)은 자신의 저서 '자아존중감의 심리학'에서 '자기 자신에 대한 평가는 인간이 사고하는 과정, 감정, 소망, 가치, 목표에 심오한 영향을 미치게 되고, 행동하는데 가장 중요한 하나의 열쇠인 것이다.' 라고 말했다.

인간은 어떤 사건에 직면하여 어떤 생각을 하고 어떻게 느끼느냐에 따라 행동이 나타난다. 자아 존중감이 높고 굳센 용기를 느끼는 유아에게는 긍정적인 행동이 나타날 것이다. 그러나 부정적 사고는 낮은 자아 존중감과 낙심을 가져오고 부정적인 행동을 유발하기 쉽다.

이렇게 중요한 아이들의 자아존중감을 증진시키기 위해서 부모는 무엇을 할 수 있을까?

아이들의 감정을 존중해 주고, 선택할 기회를 제공해 주고, 문제를 스스로 해결할 기회를 주면, 아이들의 자신감과 자아 존중감이 향상될 것이다. 또한 자녀를 비평하지 않고 격려해주는 것이 필요할 것이다. 드라이쿨스(Rudlof Dreikurs)는 '식물이 물을 필요로 하듯이 자녀는 격려를 필요로 한다'고 말하였다. 따라서 부모는 자녀의 자아존중감 증진을 위하여 격려의 기술을 습득하여야 할 것이다.

2. 자녀의 자아존중감을 저하시키는 요인들

1) 자녀의 실수를 지적한다.

많은 부모들은 자녀의 잘못된 행동을 지적해 줌으로써 바람직한 행동으로 변화시킬 수 있다고 낙관적으로 생각한다. 그러나 불행하게도 부모들이 자녀에게 하는 비평은 부모가 변화시키려고 하는 잘못된 행동을 강화하게 된다.

만일 누군가 당신과 중요한 관계에 있는 사람이 당신이 뭔가를 잘못한다고 지적한다면, 당신은 자신이 옳은 점보다는 그른 점이 더 많다고 믿게 될 것이다. 그렇게 되면 당신은 자신의 실수나 실책에 더 많은 신경을 쓰기 때문에 점점 더 일 처리를 잘 해내지 못하게 될 것이다.

부모가 아이의 결점을 지적해 주는 것이 건설적이라고 느낄 때조차도 비평은 여러 가지 좋지 않은 결과를 초래하게 된다. 비평은 아이들을 스스로 패배자라고 생각하게 만든다.

또한 비평은 아이들을 방어적이거나 반항적으로 만든다. 그리고 새로운 것을 하고

자 하는 동기나 바람을 박탈한다. 특히 비평은 청소년들에게 치명적인 영향을 준다. 왜냐하면 그들은 자신의 신체적 변화와 외모에 대해 자의식이 강하기 때문이다.

지현이는 아버지와 주말마다 탁구를 쳤다. 아버지는 딸의 치는 모습을 보며 매번 비평을 했다.

"공을 왜 똑바로 보지 않니?"

"공을 집중해서 잘 봐야지."

"공을 놓치는 걸 보니 딴 생각하고 있구나!"

"그렇게 쉬운 공을 연달아 세 번이나 놓치다니."

"공을 빨리 받아쳐……."

아버지는 지현이가 치는 공 하나하나를 마치 자신의 개인적인 승리나 패배처럼 받아들이는 것 같았다. 아버지는 딸의 탁구 실력을 향상시키기 위해 자신이 건설적인 비평을 하고 있다고 생각했다. 지현이가 탁구를 지도하는 교사로부터 그런 비평을 들었다면 받아들일 수 도 있었을 것이다. 그러나 아버지로부터 그런 비평을 들었을 때, 매번 "난 탁구를 잘 못해. 결코 아빠를 기쁘게 해드릴 수 없을 거야."라고 중얼거렸다. 그리고 지현이는 끊임없는 비평을 들은 후 자신을 패배자로 간주하게 되었다.

2) 부모가 완벽주의를 추구한다.

만일 부모가 자녀에게 너무 많은 것을 기대하면, 자녀는 점차 부모의 기대에 부응하는 노력을 하지 않을 것이다. 왜냐하면 자녀는 부모의 기대를 만족시킬 수 없다는 것을 알기 때문이다. 그리하여 오히려 잘못된 행동을 함으로써 특별하게 보이려고 한다. 최고로 잘 할 수 없을 바에야 자포자기의 방향으로 나아가서 부모의 관심을 끌고자 하는 것이다.

> '한개만 틀리고 모두 맞았네. 잘 집중해서 대답했더라면 백점을 맞았을 텐데.'
> '그래도 성적이 괜찮은 편이야. 그런데 넌 머리가 좋으니까 더 잘 할 수도 있었어.'

3) 자녀를 과보호한다.

부모가 자녀에게 세상이 얼마나 위험한 지에 대해서 이야기하면 자녀는 혼자 힘으로 일을 처리할 수 없다고 믿게 될 것이며 자신을 위해서 부모가 일을 처리해 달라고 부탁할 것이다. 만일 자녀가 자신이 실수한 것에 대해 대가를 전혀 체험하지 않게 된다면, 자녀는 자신이 원하는 것은 무엇이든지 다 해도 된다는 생각을 갖게 될 것이다.

'걱정하지마. 엄마가 유치원에 가서 담임선생님께 네 잘못이 아니었다고 말씀드려줄게'
'다른 아이가 차안에서 너를 귀찮게 한다고, 이젠 스쿨버스 타지마. 엄마가 매일 데려다 줄게.'

4) 자녀에 대해 부정적인 사고를 한다.

부모가 자녀의 능력을 믿지 않으면, 자녀도 자신의 능력을 믿지 않을 것이다. 아이들은 직접 표현하지 않아도 부모의 행동이나 말을 통해 자신에 대한 생각을 알 수 있을 것이다.

이러한 부모의 자녀에 대한 부정적인 생각은 자녀의 자아존중감을 저하시키게 되는 것이다.

'안돼, 넌 할 수 없어.'
'아무래도 넌 공부를 잘 할 수 없을 것 같다.'
'넌 운동감각이 없는 것 같구나.'

3. 자녀의 자아존중감을 향상시키는 요인들

자아존중감은 자신이 무엇인가를 해 낼 수 있다고 믿는 신념의 기초가 된다. 자신의 삶의 문제를 해결하고 새로운 기술을 습득하는 것에 성공을 거둘 때에 자기 자신에 대한 확신이 생긴다. 그러나 문제에 부딪치고 새로운 기술을 시도하는 데에는 자신감이 필요하다. 부모는 자녀의 자신감을 향상시키는데 다음과 같은 방법으로 도움을 줄 수 있다.

1) 자녀에게 책임감을 부여한다.

자녀에게 책임감을 부여하는 것은 자신감을 보여주는 비언어적인 방법이다. 물론 부모는 자녀의 능력에 대하여 알고 있는 범위 내에서 책임감을 부여한다. 그렇지 않으면, 기준이 너무 높아질 것이다.

> ‘성현아, 네가 개에게 물과 먹이를 주고 돌보아 준다면, 엄마는 개를 키우는 것을 허락할 수 있어.’

2) 자녀의 견해를 묻는다.

자녀는 부모가 자신의 의견을 물어보고 존중해 주는 것을 매우 좋아한다. 부모가 자녀의 견해를 물으면 자녀는 자신도 문제해결에 기여할 수 있는 능력이 있다는 것을 믿게 되므로 자녀에 대한 신뢰감을 보여주는 것이다. 만일 부모가 자녀에게 무엇인가를 가르쳐 달라고 하면, 그것은 자녀의 실력을 부모가 믿고 있다는 증거를 보여준 셈이 된다. 따라서 자녀에게 의견을 묻는 것은 자녀의 자아 존중감을 향상시키는 것이 된다.

3) 자녀의 일에 간섭하지 않는다.

자녀에게는 어렵게 보이는 문제지만 부모에게는 매우 쉬운 일처럼 보일 때 부모는 자녀의 문제를 해결해 주고 싶어 한다. 그러나 부모가 그런 유혹에 빠지면 부모는 자녀에게 신뢰감과 자신감을 보여주지 않게 되는 것이다. 만일 자녀가 노력하면 할 수 있는 일을 부모가 아이를 위해서 대신해 주게 되면, 이것은 자녀가 일을 해낼 수 있는 능력이 없다고 보고 있는 뜻으로 자녀에게 전달된다.부모가 응급조치로 자녀를 무조건 구해주기만 하면, 부모는 자녀에게 책임감이라는 귀중한 교훈을 배울 기회를 박탈해 버리게 된다.

4) 자녀의 장점을 인식한다.

자녀에게 좋은 습관을 갖게 하기 위해서는 자녀의 발달단계를 파악하고, 자녀의 장점을 인식한다. 부모는 대체로 자녀의 잘못을 지적하는 경향이 있는데 자녀가 잘한 것을 지적해 주는 것이 훨씬 더 효과적이다. 이렇게 함으로써 자아 존중감이 향상되고 동시에 모험적인 도전과 성공의 길로 들어 설 수 있게 해준다.

> '아침에 깨우지 않아도 일찍 일어나서 혼자 세수하고 옷을 입었구나. 엄만 편안하게 아침식사를 준비할 수 있어서 정말 좋구나. 고맙다, 윤선아.'
> '전화를 사용하고 난 후 제자리에 갖다 놓아서 고맙다.'
> '엄마가 쉴 수 있도록 조용히 놀아 주어서 고맙다.'

5) 자녀의 진보를 목표로 한다.

아이들은 자아존중감을 학습을 통해 획득한다. 그것이 운동, 공부, 기술 등 어떤 것이든 학습은 많은 단계와 많은 개선을 요한다. 높은 자아존중감을 가진 아이라도 새로운 단계마다 실패할 가능성을 가지고 있기 때문에 실패에 대한 두려움을 갖기 마련이다. 성공을 하기 위해서는 강한 동기유발이 필요하므로 부모가 자녀에게 성공에 이르는 단계에서 무수한 작은 성공을 경험할 수 있게 해주어야 한다. 이것이 자녀로 하여금 자아존중감을 구축하며 삶의 목표를 향하여 전진하게 해준다.

> '정인아, 네 방이 깨끗하구나. 책은 단정하게 꽂혀있고 옷까지 잘 정돈되어 있구나. 청소 하느라고 힘들었겠다.'

6) 자녀를 존중한다.

자녀를 존중한다는 것은 자녀에게 예의를 갖추어 이야기하고, 자녀의 의견을 존중하며, 자녀가 말할 때 주의집중을 하는 것이다. 또한 친절하게 대하고, 자녀를 기쁘게 하려고 노력하는 것이다.

반면에 자녀를 존중하지 않는다는 것은 자녀에게 종일 명령하고 자녀에게 아무 말도 하지 말라고 하며, 다른 사람들 앞에서 당황, 모욕감을 느끼게 하는 말을 한다. 또한 자녀가 말할 때 주의집중을 하지 않고, 자녀가 그 자리에 없는 것처럼 자녀 앞에서 다른 사람들에게 자녀에 관한 이야기를 하는 것이다.

자녀의 자아존중감은 성취를 통해서만 생겨나는 것은 아니다. 사람들은 자신이 소속된 삶 속에서 의미 있는 사람들에 의해 수용되어 질 때 자아 존중감이 생겨난다. 대부분의 사람들은 자신의 업적이 아닌 자신이 수용되길 진정으로 원한다. 즉 소속감을 느끼고자 하는 것이다.

부모가 자기를 받아들인다고 느끼는 자녀는 든든한 울타리와 같은 자아존중감을 가지고 있다. 그리고 이것을 기초로 건강하고 행복한 삶을 구축하게 된다. 자녀가 이기거나 지거나, 시험에 합격하거나 실패하거나, 슬플 때나 기쁠 때나, 부모는 언제나 자녀를 반기며 그들 편이라는 것을 알려줌으로써 자녀의 자아존중감을 향상시킬 수 있는 것이다. 만일 부모에게서 이런 수용을 받지 못하면 부모의 대리자나 또는 치료자에게서 수용받고 싶어 한다.

부모는 자녀가 하고 있는 과제 자체에 강조를 두지 말고, 과제의 결과가 성공인지 실패인지에는 크게 신경을 쓰지 않도록 한다. 자녀가 어떤 과제를 다 끝낼 때까지 기다린 후에 칭찬하려고 할 것이 아니라 , 자녀가 과제를 수행하고 있는 동안에 격려를 보내는 것이 좋다.

> ‘네가 책읽기를 좋아하니깐 아빠 참 기쁘구나.’
> ‘경기에서 이기는 것보다 최선을 다하는 것이 더 중요하단다.’

7) 자녀의 개성을 인정한다.

모든 사람이 다 똑같은 것은 아니다. 부모가 자녀의 독특한 개성을 인정하고 수용할 때 자녀는 힘을 얻는다. 자녀가 이 세상에 오직 하나뿐인 독특한 존재이기 때문에 소중하게 여기며 사랑하는 것이라는 것을 말과 행동으로 나타내 주는 것이 필요하다.

'엄만 네 목소리만 들어도 금방 알 수 있어. 정말 널 사랑해.'

8) 자녀의 독립심을 길러준다.

독립심은 사회생활을 하는데 필수적인 요소이다. 부모가 자녀를 지나치게 의존적으로 기르면, 부모는 그에 상응하는 대가를 치러야 한다. 심리학자 기노트(Haim Ginott)는 '의존심은 적개심을 기른다.'라고 말했다.

부모가 자녀를 위하여 모든 심부름을 다 해주거나 자녀를 공주나 왕자처럼 기르다 보면, 자녀는 의존성이 강하거나 버릇이 없어지게 된다. 이러한 부모는 자녀의 숙제를 대신 해주거나 자녀가 어지른 것을 쫓아다니며 치워주거나 심부름을 시키지 않는다. 자녀가 잘못한 행동으로 문제가 발생했을 때도 무조건 자녀를 곤경에서 구출하려고만 한다.

자녀의 독립심을 길러주기 위해서는 자녀에게 예의를 갖추고 어른처럼 대하며 일에 대한 책임을 질 수 있도록 기회를 제공하는 것이 필요하다.

'빨랫감은 이 통에 넣어라.'

'엄마도 화날 때 네게 나쁜 말을 하지 않는 것처럼 너도 엄마에게 화날 때 나쁜 말을 하지 않는 거야.'

❁ 내 용 요 점 ❁

자아존중감을 증진시키는 방법	자아존중감을 저하시키는 요인
1) 자녀에게 책임감을 부여한다. 2) 부모도 자녀의 견해를 묻는다. 3) 자녀의 일에 간섭하지 않는다. 4) 자녀의 장점을 인식한다. 5) 자녀의 진보를 목표로 한다. 6) 자녀를 존중한다. 7) 자녀의 개성을 인정한다. 8) 자녀의 독립심을 길러준다.	1) 부모가 자녀의 실수를 지적한다. 2) 부모가 자녀에게 완벽주의를 추구한다. 3) 부모가 자녀를 과보호한다. 4) 자녀에 대해 부정적인 사고를 한다.

✿ 생각해 볼 사항 ✿

당신이 어렸을 때 누군가 당신에게 존중하는 태도로 말이나 행동을 한 적이 있는 지 기억하고, 그 때 일어났던 긍정적인 느낌을 회상해본다.

1. 당신의 부모나 교사가 어떤 말이나 행동을 했는가?

2. 당신은 상대방의 말이나 행동으로 인해 무엇을 느꼈는가?

3. 당신은 상대방의 말이나 행동으로 인해 어떤 생각을 했는가?

✿ 앞으로의 실천사항 ✿

1. 자녀의 장점을 내용으로 한 편지나 메모의 글을 작성한다.

2. 작성된 글을 자녀에게 직접 말하거나 볼 수 있는 곳에 두거나 혹은 이메일로 보낸다.

세 번째 주제

자녀를 사랑하고 격려하자.

"Parental love and valuing is the child's oxygen line."

- Dorothy Briggs -

1. 사랑표현의 중요성

자녀를 사랑하지 않는 부모가 있을까요?

고슴도치도 제 새끼는 다 예뻐한다고 들었고 눈에 넣어도 아프지 않을 자식들이라는 말도 들어 왔다. 그러므로 대부분의 부모들은 모두 자녀를 사랑하고 또 진심으로 사랑한다고 믿고 있다.

그러나 부모들이 표현하는 사랑의 방법은 각각 다르다. 또 사랑이란 느끼면 그만이지 굳이 표현하는 것을 어색하게 생각하는 부모들도 있다. 그러나 사랑은 기술이며 사랑은 표현이라고 한다. 그러므로 사랑은 느끼는 즉시 표현하는 것이 중요하다. 부모가 자녀에게 일상생활 속에서 사랑을 끊임없이 표현할 때 아이는 부모의 사랑을 알게 되고, 자신을 사랑하고 자기의 존귀함을 깨닫게 되며 부모를 믿고 사랑하게 된다.

아직도 부모들은 자녀에게 사랑을 표현하면 혹시 아이가 나약해지거나 남아의 경우 남성성 발달에 지장을 줄까봐 걱정하지만 사실은 정 반대다. 오히려 부모의 사랑을 받으며 자란 아이는 정서적 결핍을 느끼지 않고 강한 자신감이 발달된다.

결과적으로 정서적으로 결핍된 사람은 어려서 부모의 사랑을 충분히 받지 못했거나 부모의 사랑을 받았다 해도 그 사랑이 진실되지 않고 일관성이 없었기 때문이다. 그러므로 부모로부터 사랑을 받고 자란 건강한 자녀는 자신도 다른 사람들에게 사랑을 잘 표현할 수 있게 된다.

대개 부모들이 너무 바빠서 자녀들에게 사랑과 관심을 충분히 쏟지 못하기 때문에 아이들이 힘들어하고 고통스러워하는 것을 보아왔다. 부모가 자녀에게 애정표현을 많이 한다고 해서 아이가 버릇없어지는 경우를 본 적이 없다. 그러므로 부모가 단순히 자녀를 사랑한다고 해서 아이의 버릇이 나빠지지는 않는다. 자녀가 버릇없는 이유는 부모가 자녀에게 사랑을 많이 표현해서가 아니다. 오히려 사랑과 관심을 주는 대신 자녀에게 아무런 제한도 하지 않고 지나치게 관대하게 대하기 때문이다.

그러나 자녀와의 관계에서 지나친 밀착심과 의존심을 불러일으키는 부적절한 사랑이 있을 수 있다. 자녀를 자신의 소유물처럼 생각하는 부모의 소유욕이 자녀를 의존적이고 독립심을 상실하게 만들어 많은 부작용과 불행을 빚어내는 원인이 되고 있다. 또 많은 부모들이 자신의 인생을 자식들의 삶을 통해서 성취시키려는 꿈을 꾸고 있다. 부모가 하고 싶어 했던 일을 자녀들에게 시킴으로써 자신이 못했던 마음의 한을 채우고 만족을 얻으려는 일이다. 즉 대리 삶을 강요하는 것이다. 또 어떤 부모들은 자신이 허전하여 무엇인가 의지하고 싶은 의존심을 자녀에게 돌려서 지원을 받고 보호를 받으려 한다. 자녀들에게 지나친 기대를 하고 과중한 부담을 강요하게 되는 역할전환을 하는 것이다. 이와 같은 소유욕이나 대리 삶의 강요, 역할전환 등의 부적절한 사랑은 자녀의 안정을 해치고 비정상적인 이상 증상을 유발하게 된다.

당신이 부모로서 자녀에게 언제, 어떻게 애정을 표현해야 할지 두려워하지 말고 아이들에게 더 자주, 더 많이 사랑을 표현하자. 신체적 접촉이나 칭찬과 격려, 긍정적인 말 등으로 애정을 표현하자.

우리 아이들에게 진정으로 필요한 것은 부모의 손에 들려있는 선물이나 빵이 아니라, 따뜻한 말이나 뺨을 비벼주는 그런 따뜻한 사랑의 표현이 아닐까?

실제 부모 자녀 간에 사랑을 표현해서 행복한 사례를 살펴보기로 하자.

얼마 전의 일입니다. 퇴근하여 주차시키고 내리는데 큰 아이가 쪼르르 달려와 '아빠'하고 부르며 제 품에 안겼습니다. 아이는 30분전부터 기다렸다고 했습니다. 처음 있는 일이라 정말 고마웠습니다. 그런데 싸늘한 공기를 맞으며 어둑어둑한 이곳에서 30분을 기다리다니 뭔가 문제가 있구나 하는 생각이 들었습니다.

"유진이 아빠한테 뭔가 얘기하고 싶은 것 같은데...."

"아빠, 엄마가 나를 막 때렸어."

딸아이는 대답과 함께 울음을 터뜨렸습니다.

내용은 이러했습니다. 동생과 함께 동생 방에서 놀다가 다투었답니다. 동생은 언니더러 나가라고 해서 언니는 나왔고, 혼자 놀다 심심한 동생이 언니 방에 와서 같이 놀자고 했답니다. 그러나 화가 나있던 언니가 '여기는 왜 왔니?' 하자 동생은 나갔고, 언니가 후에 다시 동생 방에 있던 피아노를 치러가자 다시 다투기 시작했습니다.

'언니 여기 왜 왔어, 나가' '피아느는 내거야, 난 피아노 치러 온 거야' 이렇게 다투다가 언니가 동생을 발로 찼습니다. 동생은 울면서 엄마에게로 갔고 동생의 이야기를 듣고 난 엄마가 '너 이리와, 왜 동생을 발로 찼어?' 하면서 큰딸을 때렸습니다.

그 날은 딸아이의 입장이 되어 딸아이가 속마음을 다 털어놓도록 애썼습니다.

금새 밝아진 유진이를 데리고 현관문을 들어서는 순간,

"아빠! 언니가 발로 찼어."

동생이 뛰어나오며 통곡을 했습니다. 저는 두 아이를 데리고 안방으로 들어갔습니다. 동생의 못 다한 얘기를 들었습니다.

둘은 아빠가 누구에게 승리의 팔을 들어줄 것인지 긴장하고 있었습니다. 저는 말했습니다.

"아빠가 곰곰이 생각해보니까 너희들 둘 다 잘못이 없어. 아빠가 잘못했어."

예민한 동생이.

"아빠가 뭘 잘못했어?"

하고 물었습니다.

"아이들은 어렸을 때 실수할 수 있거든. 언니가 어려서 실수했을 때 아빠가 너그럽게 용서해 주었다면 언니도 수진이가 실수했을 때 괜찮다고 용서해줄 수 있었을 텐데, 아빠는 언니가 실수하면 야단치면서 때려주었거든. 언니는 아빠한테 배워서 동생이 실수하니까 야단치고 때렸을 거야. 그러니까 아빠 잘못이지. 아빠가 잘못했어, 아빠 용서해 줄 수 있겠니?"

아이들은 눈물 가득한 눈으로 나를 쳐다보며 고개를 끄덕였습니다. 수진이에게.

"지금도 언니가 미워?"

라고 물었습니다.

"아 - 니"

유진이에게도 같은 질문을 했습니다.

"아 - 니"

"그러면 사이좋은 자매는 어떻게 하지?"

이 말에 둘은 꼭 껴안았습니다.

저는 그날 두 아이를 데리고 아빠 잘못을 용서해 준 기념으로 선물을 사주었습니다. 문방구에서 예쁜 그림이 그려진 노트를 한 권씩 산 후 승강기를 기다리고 있을 때였습니다. 큰딸 유진이가.

"아빠, 귀 좀."

하면서 제게 할 말이 있다는 표정이었습니다. 고개를 숙여 유진이 가까이 갔더니 제 귀에 속삭였어요.

아빠. 나 아빠 사랑해."

아! 그때의 감동을 전 잊을 수가 없답니다.

자세를 한껏 낮춘 아버지의 귀에 발뒤꿈치를 들고 사랑을 속삭이는 작은 딸 아이와 감격해하는 아버지의 모습을 마음속에 그려보기 바랍니다. 사랑은 이렇게 우리를 행복하게 해 줍니다.

2. 신체적인 사랑표현

자녀들은 아동기에서 청소년기까지 부모로부터 많은 신체적 애정을 필요로 한다.

그러나 많은 부모들은 자녀들의 인지발달에 관심을 갖지만 부모자녀간의 좋은 관계의 기본이 정서적이고 신체적이라는 사실을 알지 못한다. 특히 걸음마기 자녀들에게는 외국어로 된 카드나 멋진 모빌보다는 부모가 거실에서 자녀와 함께 뒹굴며 노는 것이 더 필요하고 도움이 된다.

부모와 자녀간의 신체적 접촉은 심리적 접촉보다 더 중요하다. 자녀를 부드럽고 사랑스럽게 신체 접촉하는 것은 신체발달을 자극하고 스트레스를 줄여주고 면역체계 기능을 잘 도와준다. 또 부모자녀간의 신체접촉이 자녀의 두뇌발달을 자극한다는 새로운 연구 결과도 있다. 또한 신체접촉은 자녀뿐 아니라 부모의 정서적 애착을 강화시켜주기도 한다.

대부분 부모들은 자녀가 아기일 때는 신체적으로 애정표현을 하기가 쉽다고 한다. 자녀가 유아기가 되면 부모는 신체적으로 또 말로 애정 표현할 때 신중하게 해야 한다. 왜냐하면 이때쯤 자녀가 스스로 옷을 입고 밥을 먹기 때문에 껴안거나 뽀뽀할 기회가 줄어들기 때문이다. 신체적 접촉은 부모 자녀간 서로에게 정서적 유대를 강화해주고 긴밀하게 해준다.

그럼에도 많은 부모들은 신체적으로 애정 표현하는 것을 어려워하는데, 그래도 애정표현을 해보려고 시도해보는 것이 매우 중요하다. 왜냐하면 처음에는 자녀에게 애정을 표현하기가 어렵지만 한 번 시도하면 시간이 갈수록 애정표현하기가 쉬어지기 때문이다.

자녀가 유아기나 초등학교 초기가 되면 독립심을 발달시키고자 하는데 이때는 부모가 다른 사람들 앞에서 신체적으로 애정표현을 하게 되면 자녀들은 싫어한다. 이것은 자신들이 더 이상 어린 아이라는 것을 사람들에게 알리고 싶지 않기 때문이다. 그러므로 이 시기에는 사람들 앞에서 자녀들에게 신체적인 애정표현을 삼가하는 것이 좋다

특히 사람들 앞에서 애정 표현하는 것을 제일 싫어하고 당황해하는 시기는 청년기 초기에 제일 심하다. 그렇다고 이 행동이 자녀의 입장에서 부모하고의 정서적 거리가 멀어진 것을 뜻하는 것은 아니다. 이것은 자녀가 이제는 성인이 되었음을 사람들에게 알리고 싶기 때문이다.

특히 피부접촉의 중요성을 증명한 할로우(Harlow)의 원숭이 실험은 충격적이다. 출생한 지 얼마 안 된 새끼원숭이를 어미로부터 격리시켰다. 그리고 젖이 나오도록 장치가 된 철사로 만든 어미와 젖은 없으나 부드러운 헝겊으로 만든 어미가 있는 실험실에서 새끼원숭이를 키웠다. 어느 날 큰소리가 나고 무서운 공포의 상황에 처했을 때 원숭이의 행동을 관찰했는데, 아기 원숭이는 젖을 주는 철사어미대신 헝겊어미를 찾는 것이었다. 즉 아기 원숭이는 먼저 부드러운 헝겊 어미에게 달려가서 그 품에 안기고, 그 다음 몸을 철사어미 쪽으로 몸을 내밀어 그 곳에 매달려 있는 우유를 먹었다. 이 연구는 배고픔과 같은 신체적 욕구의 충족도 중요하지만 촉각을 통한 피부접촉의 중요성을 시사하여 아기에게 젖을 줄 때의 어머니의 태도를 제시하

고 있다. 아기에게 젖을 물렸을 때 시선을 마주보며, 쓰다듬고 사랑을 줄 때는 아기가 심리적 만족을 얻을 수 있다. 따라서 모유가 아닌 인공유를 줄 때에도 모유를 주는 것과 같은 자세를 취하면서 애정있는 태도를 지니면 아기는 충분한 심리적 만족감을 갖게 된다. 그러므로 부모는 젖을 먹이는 동안 아기와 피부접촉을 하는 것이 중요하다. 어머니의 따뜻한 품, 즉 사랑은 아이에게 행복감, 편안감, 그리고 안도감을 제공하여 이것이 결핍된 경우 자녀의 심리적 성숙에 큰 결함이 생긴다.

원숭이 연구에서 얻은 결과를 인간에게 그대로 적용할 수는 없지만 그 후 인간 유아의 어머니에 대한 애착도 상당히 중요하다는 사실이 밝혀졌다. 연구 결과 애착은 유아에게 안도감을 주었고 따라서 어머니가 곁에 있으면 유아는 낯설은 주변을 더 많이 탐색했다.

또 애착은 원만한 인간관계를 형성하는 데 필수적인 것으로 밝혀졌는데, 특히 어려서 어머니와 애착하지 못한 아동은 성인이 되어서 대인관계를 잘 갖지 못했다는 사실이 심리학자의 연구에서 나타났다.

그러므로 부모는 자녀에게 적절한 사랑을, 생활 속에서 지속적으로 표현해야 하며, 행동이나 말, 그리고 신체 접촉을 통하여 표현하는 연습이 중요하다.

3. 사랑의 표현 방법

모든 자녀는 다른 사람들, 특히 부모가 자기를 사랑하고 존중해 주기를 바란다. 그런데 대개 부모들은 바빠서 자녀들에게 사랑의 메시지 보내는 것을 잊어버리고 사랑의 메시지 대신 부모는 분노의 메시지를 보낼 때가 많다.

때로 부모가 사랑의 메시지를 보내지만 자녀는 그것을 사랑의 메시지로 받아들이지 않는다. 그러므로 부모는 자녀들을 사랑하는 것 보다는 자녀들이 사랑받고 있다고 느끼도록 해 주는 것이 더 중요하다.

부모들이 사랑을 표현하는 방법에는 4가지 유형이 있다. 말, 글, 행동, 그리고 신체적 접촉이다.

1) 말하는 유형 : '사랑해', '너와 함께 있으면 행복해', '넌 내게 소중해', '잘 자라줘서 고마워', '난 네가 좋아' 등의 말을 한다.

2) 글로 보내는 유형 : 사랑해, 고마워, 기뻐, 감격했어, 행복해 등의 메시지를 보낸다.

3) 행동하는 유형 : 자녀가 잘 때 이불을 덮어준다, 선물을 사 준다, 간식을 만들어 준다, 자녀와 함께 놀아준다.

4) 신체적으로 접촉하는 유형 : 껴안는 것, 악수하는 것, 어깨를 만져주는 것, 뽀뽀하는 것, 머리를 쓰다듬는 것, 손을 잡고 걷는 등 신체접촉을 한다.

4. 칭찬과 격려하기

우리는 남 앞에서 자신을 칭찬하거나 아내나 자식을 칭찬하는 것을 팔불출의 하나로 여겨 칭찬하고 격려하는 것이 생활화되어 있지 못하고 많이 부족한 편이다. 특히 전통적으로 겸손이 미덕이라는 교육을 받아서 우리나라 사람이 다른 나라 사람들보다 자아존중감이 낮다는 보고도 있다.

우선 칭찬과 격려의 의미부터 살펴보자.

칭찬은 주로 자녀가 어떤 일을 성공적으로 성취했거나 긍정적일 때 하는 것이다. 반면 격려란 용기를 불러일으킨다는 의미로 높은 성취나 긍정적인 상황이 아니어도 노력한 점을 높이 사거나 앞으로의 발전을 위해 주는 말이다. 즉 우리는 자녀의 잘한 일이나 좋은 일에는 칭찬을 하지만, 자녀가 노력한 점이 부족하거나 실패했을 때에 격려를 하는 것이다. 자녀를 격려하는 부모는 자녀의 실수를 인정하고 그것으로부터 스스로 배우도록 도와주는 것이다. 즉 부모는 자녀가 불완전하더라도 기회를 주어 앞으로 더 발전하게 하는 것이다.

당신이 어떤 일을 훌륭하게 해냈을 때의 순간을 생각해 보자. 그때 당신의 느낌은 어땠는가? 대개의 사람들은 뿌듯하고, 상쾌하고, 자랑스럽고, 만족스러운 기분을 경험해 보았을 것이다. 우리 자녀들도 무언가 일을 해냈을 때 마찬가지로 뿌듯하고,

상쾌하고, 자랑스럽고, 만족스러울 것이다. 그런데 거기다 부모의 칭찬이나 격려까지 들었다고 해보자. 과연 어떤 생각이 들까?

예를 들어 보자. 자녀가 푸른 하늘에 구름이 둥실 둥실 떠 있고 사과나무에 빨갛게 익은 사과가 주렁주렁 열려 있는 그림을 매우 훌륭하게 그렸다고 하자. 이때 부모가 "야! 그림을 잘 그렸네. 빨간 사과가 너무도 먹음직스럽구나."라고 칭찬을 했다. 그렇지 않아도 자기 그림에 대해 스스로 만족감, 자랑스러움을 느끼고 있던 자녀라면, 칭찬을 들은 후에는 보다 적극적으로 "우리 엄마가 내 그림을 잘 그린다고 생각하시는구나."라는 느낌을 갖게 된다. 그러므로 자녀는 내가 엄마로부터 지지받고 인정받고 있고, 나는 부모에게 꼭 중요하고 가치 있는 사람이라는 생각을 하게 될 것이다.

이번에는 자녀가 훌륭한 그림을 그리지는 못했지만 정말 열심히 노력했다고 하자. 비록 그림이 자녀 마음에 썩 들지는 않지만 이때 부모가 "그림을 열심히 그렸구나, 이번에 잘 되지 않았지만, 다음에 잘할 수 있을 거야."라고 격려를 했다. 이러한 격려를 받은 자녀는 "엄마는 내 그림이 매우 열심히 그린 그림이라고 생각하시는구나. 그래 다음에는 잘 할 수 있어."라는 생각을 하게 된다. 이러한 생각 속에는 역시 자녀가 엄마로부터 지지받고, 인정받고, 이해받고 있다는 생각을 갖게 해준다.

교사의 칭찬 한마디가 죽기 전의 사형수에게 선생님을 가장 보고 싶은 사람으로 기억나게 했다는 이야기를 들은 적이 있다.

> 한 사형수가 있었다. 살인을 하고 온갖 범죄를 저질러 드디어 사형을 당하게 되었다. 형 집행 전에 간수가 누가 가장 보고 싶으냐고 물으니 초등학교 3학년 때 담임선생님이라고 말했다. 간수는 의아해서 대부분의 사형수들이 마지막 보고 싶은 사람을 물으면 대개는 어머니라고 하는 데 어찌하여 선생님이 보고 싶은지 물어 보았다.
>
> 그러자 사형수는 이렇게 말했다.
>
> "나는 어머니를 저주합니다. 어머니는 늘 나에게 '병신 같은 놈', '빌어먹을 놈', '미친 놈'하며 욕을 하였지요. 나는 정말 병신같이 빌어먹으며 미친 인생을 살아야 했습니다. 내가 초등학교 때 선생님을 기억하는 것은 내 평생에 단 한번의 칭찬을 그 분한테 들었기 때문입니다. 미술시간에 그린 내 그림을 보고 '그림을 잘 그리는 구나. 색깔이 아름다워!' 라고 말해 주었지요."

결코 과장된 이야기가 아니다. 부도로서 교사로서 한 마디의 칭찬이, 또 한 마디의 욕이 아이에게 얼마나 중요한 영향을 주었는지 일깨워주는 이야기인 것이다.

5. 자녀를 칭찬하는 방법

1) 보고 느낀 것을 구체적으로 표현한다.
"일을 많이 했구나. 옷도 옷장에 넣고 책상도 정리했네."
2) 칭찬할 일이 생겼을 때 즉시 칭찬한다.
밖에서 돌아온 후 손을 씻을 때 그 즉시 "손을 씻는구나, 많이 컸네."
3) 한 마디로 요약한다.
"30분 동안 그림을 그리고 있구나. 그럴 때 참을성이 있다고 하는 거야."
4) 결과보다는 과정에 맞추어 칭찬한다.
"오랫동안 열심히 퍼즐을 맞추고 있네."
5) 사소한 것을 자연스럽게 칭찬한다.
아빠에게 인사를 안 하던 아들이 어느 날 인사를 하면
"우리 아들이 인사를 의젓하게 하네, 아빠가 기분이 좋은데."
6) 가능한 한 공개적으로 칭찬한다.
가족이 다 있는 곳에서 칭찬하는 것이다. 가족모임은 칭찬하기에 좋은 시간이다.
7) 가끔은 자녀 스스로 자신을 칭찬하도록 한다.
"난 역시 맞추기를 잘 해."
8) 거짓없이 진실한 마음으로 칭찬한다.
언어뿐 아니라 비언어적인 얼굴표정, 태도, 제스쳐 등도 진실해야 한다.
9) 행동을 하기 전에 하지 말고 행동을 한 후에 칭찬한다.
심부름을 하기 전에 칭찬하지 말고 심부름을 한 후에 칭찬해야 한다.
"우리 딸이 두부를 사다 주니 고맙구나."
10) 자녀들의 행동을 칭찬할 때는 자녀가 해낸 이전의 성취기준이나 다른 사람의 성취 기준과 비교하지 말고 자녀자신의 성취기준을 기본으로 해야 한다.

6. 자녀를 격려하는 방법

자녀를 격려하는 것은 용기를 주고 자녀의 기를 살려주는 것이다. 멋지게 격려하는 말을 들으면 먹지 않아도 배가 고픈 줄 모른다고 한다. 말의 힘이 얼마나 대단한가!

오랜 병상에 누워 있는 환자에게 '오늘은 얼굴색이 좋아지셨네요.'라는 격려의 말이 환자에게 용기와 힘을 주고, 반장선거에서 낙선을 해서 실망하는 딸에게 '속상하겠다. 그런데 친구들이 우리 진짜 보물을 몰라보았네.'라는 부모의 따뜻한 격려의 말이 자녀에게 위로가 되고 힘이 되는 것이다.

산수시험지를 엄마에게 주면서 '100점 못 받았어.'하는 딸에게 틀린 것보다도 맞은 것에 초점을 맞추어 '19개나 맞았구나, 대단해 '라고 해주면 얼마나 좋을까!

전근가시는 선생님에게 '섭섭해요, 우리 학교의 떠오르는 별이 떠나시다니.'라고 했을 때 그 말을 들은 선생님의 마음은 어떠했을까?

직장에서 퇴직한 아버지에게 가족이 전한 '아빠! 힘내세요, 아빠 곁에는 우리가 있어요. 사랑해요!!' 라는 따뜻한 말 한마디가 큰 힘이 된다.

다음은 지난 주 할머니께 잘 대해 준 딸에게 어머니가 전한 격려의 글이다.

사랑하는 미영이에게

미영아! 지난 주에 우리가 할머니 댁에 갔을 때 엄마는 참 기뻤단다.
미영이가 할머니께 참 잘 대해 드렸어.
안마도 해드리고 이야기도 하고 친절하게 대해 드렸지.
미영이가 할머니께 잘 해 드려서 할머니도 참 행복 하셨을거야.
엄마는 네가 할머니께 잘해 드려서 정말 고맙구나.

사랑해!!!

엄마가

부모가 자녀를 격려하는 태도는 다음과 같다.

· 자녀를 있는 그대로 수용하고 믿는다.
· 긍정적인 태도나 언어를 사용한다.
· 자녀가 과제를 수행하고자 할 때 간섭하지 않는다.
· 자녀의 장점이나 잘한 점에 대하여 초점을 맞춘다.
· 남과 비교하지 않고 자녀 자신의 노력과 향상된 것을 인정해 준다.
· 자녀가 일이나 과제를 하기 전과 후에 할 수 있다.
· 자녀의 성공한 행동뿐 아니라 실패한 행동에도 할 수 있다.

❁ 내 용 요 점 ❁

1. 자녀에 대한 사랑의 표현
   1) 자녀에게 사랑을 느끼는 즉시 표현하자.
   2) 자녀에게 더 자주, 더 많이 사랑을 표현하자.

2. 신체적인 사랑 표현
   1) 신체접촉은 신체발달을 물론 스트레스와 면역체계 기능을 도와준다.
   2) 신체접촉은 두뇌발달을 자극한다.
   3) 신체접촉은 부모와의 정서적 애착을 강화시킨다.
   4) 자녀에게 촉각을 통한 피부접촉이 중요하다.

3. 사랑의 표현방법
   1) 말
   2) 글
   3) 행동
   4) 신체적 접촉

4. 칭찬과 격려하기

   칭찬은 자녀가 잘 한 일이나 성공한 일에 주어지지만, 격려는 자녀가 노력한 점이 부족하거나 실패했을 때에도 하는 것이다.

5. 자녀를 칭찬하는 방법
   1) 구체적으로, 즉시 칭찬한다.
   2) 과정에 맞추어서 하고 사소한 것도 칭찬한다.
   3) 행동을 한 후에 칭찬한다.
   4) 진실한 마음으로 칭찬한다.
   5) 가끔 자신을 칭찬한다.

✿ 생각해 볼 사항 ✿

1. 자녀에게 사랑을 표현하지 못한다면 그 이유가 무엇인지 생각해 본다.

2. 내가 어려서 부모로부터 사랑과 칭찬, 격려 받았던 기억을 회상해 본다.
   부모로서 내가 자녀에게 했던 사랑과 칭찬, 격려 받았던 기억을 회상해 본다.

3. 부모로서 나는 자녀에게 어떤 사랑의 메시지를 보내는가?
   그 때 자녀의 반응은 어떠했는가?

4. 자녀에게 신체적으로 애정표현을 어떻게 하는가?
   부모로서 자녀에게 할 수 있는 신체적인 애정표현의 방법을 생각해 본다.

5. 부모로서 자녀에게 받고 싶은 애정표현 방법은 무엇인가?

✿ 앞으로의 실천사항 ✿

1. 자녀에게 신체적 접촉이나 행동으로 사랑을 표현해 본다.

2. 가족에게 격려의 글이나 말을 한다.

3. 자녀는 부모로부터 사랑받고 존중받기를 원한다. 그러므로 부모는 자녀에게 정기적으로 사랑의 메시지를 보낸다.

자녀이름 :

자녀에게 보내는 사랑의 메시지 :

【 칭 찬 】

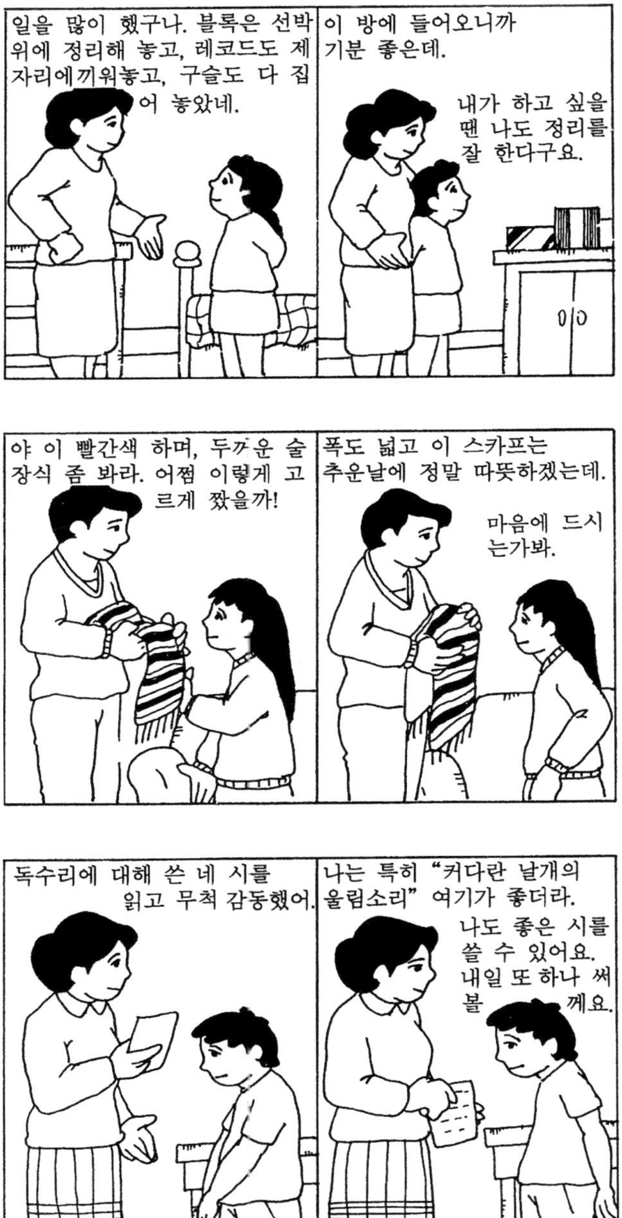

* 출처 : 김지은 · 김진숙 역(1997). 자녀와의 사랑만들기.

네 번째 주제

자녀의 행동을 이해하자.

"An error means a child needs help, not a reprimand or ridicule for doing something wrong."

- Marva Collins -

1. 자녀의 바람직하지 못한 행동의 목적

자녀가 바람직하지 못한 행동을 하는 데에 어떤 욕구나 목적을 충족시키기 위한 동기가 숨어있다는 것을 알지 못하기 때문에 부모들은 문제를 더 악화시키는 행동을 하게 되는 경우가 많다. 자녀이해의 첫 번째 단계는 자녀가 진정으로 원하는 것이 무엇인가를 파악하는 것이다.

자녀의 목적을 짐작하게 해주는 단서에는 자녀가 문제행동을 할 때 부모가 느끼는 감정이다.

첫째, 부모가 짜증을 느낀다면 이떠 자녀의 목적은 부모와의 접촉을 위해 부적절한 관심 끌기를 하는 것이라고 볼 수 있다.

둘째, 부모가 화가 난다면 자녀의 목적은 힘을 얻고자 부모에게 반항심을 나타내는 경우라고 볼 수 있다.

셋째, 부모가 속상함을 느낀다면 자녀는 자신을 보호할 목적으로 복수심을 나타내는 경우일 수가 있다.

마지막으로 부모가 무기력함을 느낀다면 자녀는 물러서기를 목적으로 부적절한 회피를 보이는 경우이다.

자녀 행동의 네 가지 부정적인 접근방법을 자세하게 살펴보면 다음과 같다.

1) 관심 끌기

어린 아이들은 부모로부터 관심을 얻으려고 하지만 나이든 아이들은 또래의 관심을 끌고 싶어 한다. 그래서 학급에서 관심을 끌기 위해 우스꽝스런 행동이나 잘못된 행동을 하여 관심을 얻고자 한다.

이런 아이는 계속해서 부모를 바쁘게 한다. 그리하여 부모가 항상 챙겨주고 달래주며 어르도록 한다. 또한 우스꽝스런 행동이나 쉴 새 없는 질문 등으로 부모를 귀찮게 하고 짜증나게 한다. 부모는 계속해서 잔소리하고, 달래고, 설교하고, 꾸짖는 방법으로 자녀와 접촉을 하고 자녀는 그릇된 방식으로 부모와의 접촉의 욕구를 충족시키는 것이다.

이때 부모가 할 수 있는 방법은 자녀가 접촉의 욕구를 부정적인 방법으로 성취하지 않고 긍정적인 방법으로 얻을 수 있도록 도와주는 것이다. 즉 부정적인 관심끌기에는 무관심하고 긍정적인 관심끌기의 행동에 격려를 나타내는 것이다.

2) 반항하기

반항은 권위주의적인 부모의 자녀에게서 많이 나타나는 것이다. 부모의 강압적인 태도는 자녀의 힘에 대한 욕구충족을 반항적인 방식으로 추구하게 한다. 반항적인 행동을 하는 자녀는 힘을 얻을 수 있는 유일한 방법은 타인을 통제하거나 혹은 자기는 쉽게 통제될 수 없는 존재라는 것을 보여주는 것이라고 잘못 믿고 있다.

이러한 행동은 부모-자녀 간에 좌절감을 안겨 준다. 부모-자녀가 힘겨루기에 처해 있을 때 부모는 화가 나고 이런 분노의 감정을 자녀에게 표현하고 힘겨루기를 하게 되면 싸움은 더욱 악화되고 잘못된 반항적 행동을 증가시키게 된다.

이때 부모가 할 수 있는 좋은 방법은 자녀가 스스로 결정을 내리도록 지도하는 방법으로 자신감을 심어 줄 수 있다. 또한 무엇보다도 부모는 자녀와 싸우는 것에 관심이 없다는 것을 보여주고, 갈등이나 문제가 있을 때에는 해결책을 찾으려고 노력해야 한다. 부모는 자녀를 존중하는 마음으로 지도하려고 한다는 것을 알리면서 동시에 자녀역시 부모를 존경하는 마음으로 대해주길 바란다는 것도 알려야 한다.

3) 보복하기

힘겨루기가 악화되면 대개는 보복하기의 형태로 변화된다. 특히 부모가 자녀를 이기거나 상처를 주었다고 느끼면 자녀는 보복의 방식을 취한다. 자녀는 자신을 보호하기 위한 최선책은 부모에게도 똑같이 상처를 주는 것이라고 생각한다. 이때 부모는 전형적으로 상처를 받게 된다. 그리하여 자녀가 부모에게 상처를 주게 되면 더욱 처벌을 하기 때문에 악 순환적으로 보복이 지속된다.

그러나 부모는 자녀가 생존하고 성장하는 것을 보길 원하므로 자녀와의 보복의 전쟁에서 이겨야 할 필요가 없다. 자녀는 자신을 보호하기 위해 부모가 자신을 처벌할 때 부모에게 상처를 되돌려 주어야 한다고 생각한다. 그리하여 부모가 자녀에게 상처를 주면 줄수록 자녀도 부모에게 상처를 많이 되돌려 주기를 원한다.

부모가 이때 할 수 있는 좋은 방법은 가족 내에서 지도자적 역할을 수행하는 부모는 똑같은 방법으로 상처를 되돌려주기를 단호하게 거부함으로써 악순환을 깨뜨리는 것이다. 즉 부모는 자녀에게 상처를 주는 것을 중단하고 새로운 방법을 시도하는 것이다.

4) 회피하기

극심한 자아 존중감의 상실을 겪은 자녀는 인생에서 아예 어떤 노력조차도 하지 않으려고 하는 경우가 있다. 즉 '나는 성공할 수 없다. 그러므로 노력하지 않겠다. 그러면 실패하지도 않을 것이다.'라는 신념을 가지고 있다. 이것은 동기결여의 태도를 갖게 한다. 즉 결석하고, 숙제도 하지 않고, 친구사귀기도 피할 수 있다.

자녀가 장기간에 걸쳐 이유없이 회피하게 되는 것은 종종 부모 자신의 완벽주의 때문이다. 부모가 지나치게 자녀의 잘못한 것만 지적하고, 부모를 만족시킨 것이 없다고 하면 자녀는 노력하는 것을 아예 포기할 수 있다. 이때 부모는 그런 자녀를 패배자로 간주하고 도움을 주려는 노력을 중단한다. 또는 야단치고 소리치며 멸시하고 처벌한다. 이것은 자녀의 회피하기를 정당화시키는 것이 된다.

이때 부모가 할 수 있는 좋은 방법은 자녀가 성공하건 실패하건 간에 무조건적으로 부모가 사랑하고 있다는 것을 자녀에게 전달한다. 그러한 무조건적 수용과 더불어 부모가 인내와 함께 많은 격려를 보여주는 것이 필요하다. 자녀는 '자신이 정말로 부모의 실패작인가를 알아보려고 회피하는 척 가장하고 있다는 것을 부모는 기억해야 한다. 따라서 부모는 자녀가 성공적으로 해낼 수 있는 일들을 발견하도록 도와주어야 한다. 그리고 자녀 자신이 실패자라는 잘못된 개념을 갖지 않도록 해야 한다. 실패를 통해서 배우며, '실패는 성공의 어머니'라는 것을 자녀가 이해하도록 도와 주어야 한다.

2. 자녀가 화가 났을 때 도와주는 방법

아이들의 정서표현은 원초적이기 때문에 좌절과 분노를 경험할 때 고집부리고 떼쓰고 치고 때리는 행동은 유아에게서 아주 흔하게 나타난다. 이때 부모들이 자녀를 지도하는 유용한 방법은 다음과 같다.

1) 바람직한 본보기가 되어준다.

부모 자신이 문제에 봉착하여 분노와 좌절의 상황을 지혜롭게 처리하는 방법을 보여줌으로써 자녀에게 좋은 본보기가 된다. 즉 이성을 잃지 않고 화를 표현하는 것이다. 이성을 잃은 부모는 자녀에게 자신이 원하는 것을 하도록 위협하기 위한 목적으로 분노를 사용하는데 이것은 부모-자녀관계를 손상시키고 상처를 주게 된다.

2) 효과적인 표현 방법을 찾도록 자녀를 지도한다.

"네가 화가 났다는 것을 알겠다. 그런데 소리치거나 떼쓰지 말고 엄마에게 말로 이야기해 줄 수 있겠니?"

3) 힘겨루기 싸움에 말려들지 않는다.

자녀가 고집부리고 떼를 쓸 때에 부모는 힘으로 누르려고 시도하지 말고 대신에 잠시 물러서서 냉정을 되찾는다. 이런 행동은 자녀에게 '네가 화를 폭발한다고 해서 네 맘대로 하도록 내버려 두지 않으며, 또한 벌주거나 모욕하지도 않는다.'는 것을 전달한다. 그리하여 자녀가 보다 바람직한 방향으로 자기 의사를 표현하는 결과를 가져온다.

4) 부모의 결정에 자녀의 의견을 반영한다.

자녀는 부모에게 영향을 주지 못하는 무력한 존재라고 느낄 때 좌절감을 느끼며 분노와 반항심이 생겨난다. 부모는 자녀에 관한 결정을 내릴 때 자녀의 말이 효력을 발휘하도록 고려하고 허용하여 자녀가 잘못된 행동으로 관심을 끄는 행동을 하지 않도록 한다.

3. 자녀의 감정을 이해하는 방법

1) 자녀의 감정을 인정한다.

아이들은 자신의 행동에 대해 여러 가지 감정 즉 분노, 슬픔, 질투, 공포 등을 갖게 된다. 이때 부모는 자녀의 불쾌한 감정을 축소시키거나 부정하며 애쓰는데 오히려 불리한 결과를 초래하게 된다. 왜냐하면 아이들은 부모가 자신을 이해하지 못한다고 느끼기 때문이다.

이 때 부모는 자녀의 감정을 인정해주는 것이 필요하다. 아이의 감정을 인정하는 것은 시간과 연습이 필요한 기술이며, 저절로 얻어지는 것은 아니다.

지은 : 후...(한숨을 내쉰다)
엄마 : 왜 그러니?
지은 : 그림이 잘 그려지지 않아요.
엄마 : 아니야, 그렇지 않아, 잘 그린 그림이야.
지은 : 엄만 잘 알지도 못하면서....
엄마 : 뭐라고, 엄마가 그렇다면 그런 줄 알어.

자녀가 몸에 상처를 입고 부모에게 달려올 때 부모는 상처를 소독하고 붕대로 감싸준다. 그러나 아이들이 마음에 상처를 입고 올 때는 훨씬 더 어렵다. 부모는 몸의 상처를 고치는 것과 마찬가지로 아이들의 정서적 고통도 빨리 고치길 바란다. 그리하여 자녀의 기분이 좋지 않을 때 좋게 하려고 애쓰며, '그렇게 나쁘지 않아.'와 같은 말로 무의식중에 자녀의 감정을 부정하거나 약화시키려고 한다.

부모가 자녀를 불행으로부터 벗어나게 하는 것은 당연하지만 그렇게 하는 과정에서 종종 자녀를 더욱 불행하게 만든다. 왜냐하면 부모가 자녀의 감정을 부정하면 자녀는 부모가 자신의 감정에 대해 무관심하다고 생각하게 되어 그 순간 자녀의 좌절, 분노, 실망이 부모에게로 옮겨진다.

부모는 자녀의 감정을 인정하기 위해서 자녀에 대한 관심과 의사소통 기술이 필요하다.

부모는 아이들의 고통을 없애주기 위해서는 자녀의 감정을 부정하거나 반박하기보다는 오히려 자녀의 감정에 공감해 주는 것이 필요하다.

동원 : 엄마, 비가 와요.
엄마 : 정말 속상하겠구나.
동원 : 네, 소풍가는 날을 얼마나 기다렸는데...
엄마 : 엄마도 네가 동물원에 소풍가는 걸 얼마나 고대했는지 잘 알고 있어.

동원 : 그래도 며칠 후에 갈거니깐 괜찮아요.

만약 엄마가 '며칠 후에 갈거잖아'라고 말했다면 동원이는 자신의 실망을 진지하게 받아들이지 않고 공감하지도 않는 엄마에게 화를 냈을 것이다. 그러나 엄마의 공감적 반응('속상하겠구나', '네가 소풍가는 걸 얼마나 고대했는지 잘 알고 있어.')은 자녀에게 효과적인 공감대를 형성하게 하였다. 그리하여 동원이는 엄마의 공감적 반응에 힘을 얻어 어려운 상황을 극복할 수 있게 되었다.

2) 자녀나 상대방의 편을 들지 않는다.

자녀가 교사, 이웃, 친구, 버스 운전수 등에 대해 불평할 때 불평의 대상이 되는 사람을 편들지 않도록 하는 것은 매우 중요하다. 즉 '친구가 네 말을 들으면 어떻게 생각하겠니 ? '와 같은 우연한 말조차 자녀는 부모가 자신의 불평을 진지하게 받아들이지 않으며, 자신을 믿지 않는다고 생각하게 할 수 있다. 또 부모가 자녀보다 다른 사람에 대해 관심을 갖고 있다고 생각할 수도 있다.

아이 편을 드는 것 또한 항상 도움이 되는 것은 아니다. 만약 선생님이 공정하지 않다고 느끼더라도 다른 사람을 비난하는 것은 좋은 관계를 유지하고 지내야 하는 자녀에게 전혀 도움이 되지 않을 것이다.

윤선 : 엄마, 연극에 나오는 역할을 뽑았어요.
엄마 : 백설공주 말이니 ?
윤선 : 예, 전 공주를 맡고 싶었는데...
엄마 : 네가 원하는 역할을 뽑지 못했구나.
윤선 : (눈물을 글썽이며)대사도 없는 난쟁이 역을 맡았어요.
엄마 : (선생님을 원망하고 싶은 마음을 참으며) 정말 실망했겠다.
윤선 : 그래도 아무 역할을 맡지 못한 아이도 있어요.

3) 자녀가 마음 속으로 갖고자 하는 바람을 허용한다.

부모는 자녀의 감정은 관대하게 받아주면서 행동은 엄격하게 제한할 수 있다.

자녀가 원하는 대로 해주지 않거나 아이가 원하는 것을 거절하면서도 아이의 감정을 인정해줌으로써 부정적인 영향을 미치지 않을 수 있다.

종종 아이들은 자신이 원하는 것을 얻지 않고서도 견딜 수 있다. 왜냐하면 아이는 자신이 바라는 것에 대해 감정적인 면에서 부모의 인정을 충분히 받았기 때문이다.

아빠 : 희조야, 햄버거 1개면 충분하지?
희조 : 아니요. 더 많이 시켜요.
아빠 : 그럼, 얼마나 시킬까?
희조 : 많을수록 좋아요.
아빠 : 10개, 20개, 30개 어때?
희조 : 100개요.
아빠 : 200개!
희조 : 가게 안에 있는 햄버거 모두요.
아빠 : 그렇게 하자!

두 사람은 크게 웃었다. 아빠는 햄버거 2개를 주문했고, 희조는 아빠와 즐거운 시간을 보냈다. 환상을 사용함으로써 희조 아빠는 자녀와의 싸움을 피할 수 있었다.

4) 자녀의 말을 경청한다.

부모는 종종 자녀가 원하는 것을 알지 못하면서도 자녀의 생각과 감정을 다 안다고 생각한다. 부모가 너무 빨리 반응함으로써 자녀가 실제로 원하는 것을 알아낼 기회를 놓쳐 버리게 된다. 부모는 자녀를 비판하거나 비난하지 않고 문제를 대신 해결하지 않으며 자녀의 말에 귀를 기울일 때 실제로 아이를 괴롭히는 것이 무엇인지를 알게 된다.

엄마 : 승현아, 바닷가로 산책가자.
승현 : 난 가기가 싫어.
엄마 : 승현아, 바다가 무섭니?
승현 : 아니야! 파도소리가 시끄러워요.

엄마 : 그래...
승현 : 엄마, 바다에는 파도가 많아요. 그리고 파도가 굉장히 커요.
엄마 : 그건 그래.
승현 : 또 파도는 항상 우리에게 가까이 다가와요.
엄마 : 그래, 가끔 바다는 위험하지.

엄마는 4살 된 아이가 이런 사실을 발견했다는 것에 무척 놀랐다. 엄마는 아들의 말에 귀를 기울임으로써 아들이 자신과 얼마나 다르게 사물을 경험하는 지와 어른들이 아이들의 관심을 거의 상상할 수 없다는 것도 알게 되었다.

5) 자녀의 감정을 인정하는 것이 항상 가능한 것은 아니다.

감정을 인정하는 것이 항상 가능한 것은 아니며 또 항상 적절한 것도 아니다. 수용적 경청자가 되기 위해서는 많은 시간과 노력이 필요하지만 부모는 그렇게 할 수 없는 경우가 더 많을 것이다.

첫째, 부모와 자녀 둘 다 어려움에 빠졌을 때 더 상태가 심한 사람의 욕구를 먼저 돌보아야 한다. 그 경우는 부모 자신이 될 수도 있다. 즉 부모가 피곤하거나 다른 걱정거리가 있을 때가 그 경우가 된다.

둘째, 아이를 인정하는 기술은 자녀의 잘못된 행동이 아닌 감정에 적용하는 것이다. 즉 만일 크레용으로 거실 벽에 그림을 그리고 있다면, 공감을 할 때가 아니라 우선 제한을 해야 한다. 즉 '크레용으로 벽에 그림 그리는 것을 좋아하는구나.'라고 말할 때가 아니라 '크레용은 도화지에만 사용하는거야.'라고 단호하게 말해야 한다.

셋째, 자녀가 마음에 상처를 입었을 때 조용히 있거나 혼자 있기를 원한다. 아이들은 부모의 이혼처럼 심각한 문제뿐만 아니라 사소한 일에 대해서도 곰곰이 생각하고 싶어 한다. 그것은 아이들의 사생활이라고 할 수 있다.

넷째, 자녀를 보호하기 위해 부모가 할 수 있는 일에 한계가 있다는 사실을 받아들일 필요가 있다. 가끔 시간은 문제를 해결하는 유일한 해결책이 된다. 자녀를 위해 부모가 할 수 있는 매우 중요하고 즉각적인 일은 아이의 감정을 인정해 줌으로써 자녀에게 부모가 그들을 이해하고, 수용하며, 그들 편에 있다는 것을 보여 주는 것이다.

4. 경청기술

1) 수동적 경청

수동적 경청 기술은 수용과 인정을 나타내고 화난 아이가 계속해서 말을 할 수 있도록 격려해 주는 효과가 있다.

- 침묵 : 자세와 눈 맞춤을 유지하여 비언어적으로 상대방에게 흥미와 관심을 나타내는 경청기술이다.
- 인정하기 : '으흠', '오', '그래', '듣고 있어' 등과 같이 상대방에게 이해, 수용, 공감을 나타내는 간결한 말이다.
- 말문열기 : 생각과 감정의 표현을 확대하거나 계속하도록 유도하며 상대방에게 관심을 나타낸다. 즉, '그것에 관해 말해보렴.' '네 생각을 더 듣고 싶어.' '그것에 관해 더 이야기하고 싶니?' 등으로 상대방이 말을 하도록 유도한다.

2) 반영적 경청

수동적 경청기술은 수용을 나타내고 의사소통을 원활하게 하지만 상대방의 강렬한 감정을 해소할 만큼 효과적이지는 못하다. 상대방에 대한 정확하고 깊이 있는 이해를 하기 위해서는 적극적 경청 기술, 즉 반영적 경청이 필요하다.

반영적 경청은 상대방의 감정에 대해 주의 깊게 관찰하여 말하는 사람에게 '당신은 어떠한 사실에 대해 그렇게 느끼는 군요.' 라고 말하는 것이다. 이렇게 함으로써 이해의 초점은 '외적' 사건에서 '내적' 반응이나 감정으로 옮겨지는 것이다.

즉 반영적 경청은 말하는 자녀의 이야기를 비판, 판단하지 않고 그대로 수용하고 그 아이의 감정을 진심으로 이해하려는 태도로 대화에 참여하는 것을 말한다. 즉 들어주는 부모가 자녀의 입장이 되어서 자녀의 생각과 감정을 바꾸어 말해 준다. 부모 자신이 '제 3의 귀' 곧 '마음의 귀'를 가지고 아이의 내부에서 일어나고 있는 '마음의 소리'를 듣는 것을 의미한다.

만약 듣는 사람의 반영적 경청이 정확하지 않다면, 말하는 사람은 자신의 생각과 감정을 보다 정확하게 표현하려고 노력하게 될 것이다. 반영적 경청이 정확하면, 말하는 사람과 듣는 사람은 둘 다 깊은 상호간의 이해를 통해 문제해결을 쉽게 해 나갈 수 있을 것이다.

그러나 어떤 말보다 더 중요한 것은 자녀를 대하는 부모의 태도이다. 만약 부모의 태도가 공감을 일으키지 않는다면 부모가 무슨 말을 하든지 간에 아이들에게는 속임수로 느껴질 것이다. 부모가 하는 말속에 진정한 공감이 느껴질 때, 아이들은 자신들의 속마음을 진지하게 털어놓는다.

효과적인 경청기술

· 몸으로 경청 : 잘 듣기 위혀 몸을 기울인다.
· 눈으로 경청 : 관심을 나타내기 위해 눈을 맞춘다.
· 귀로 경청 : 말을 잘 듣는다.
· 입으로 경청 : 침묵한다.
· 가슴으로 경청 : 감정을 함께 하기 위한 마음가짐도 갖는다.

수동적 경청과 반영적 경청을 사용하여 아들의 감정을 이해하려고 노력한 부모의 사례를 살펴보기로 하자.

아　들 : 민수의 코를 한방 때려 주고 싶어요!
아버지 : 무척 화가 났구나.
아　들 : 그 녀석의 뚱뚱한 얼굴을 내려치고 싶어요!
아버지 : 민수에게 그렇게 화가 났니?

아　들 : 그 심술꾸러기 녀석이 어떻게 했는지 아세요?
버스 정류장에서 내 공책을 빼앗아 쓰레기통에 던져 버렸어요.

아버지 : 저런.

아　들 : 민수는 공작실에서 만든 새를 제가 일부러 부쉈다고 생각했나봐요.

아버지 : 그렇게 생각하니?

아　들 : 예. 민수는 울면서 줄곧 저를 쳐다보았거든요.

아버지 : 아 !

아　들 : 그렇지만 제가 일부러 한 일은 아니에요. 그 바보같은 동진이 녀석이 책상 쪽으로 절 미는 바람에 어쩔 수 없었어요.

아버지 : 저런. 동진이가 널 밀었구나.

아　들 : 예, 많은 물건이 와르르 떨어졌는데. 글쎄 그 새만 부서졌어요.
부수려고 한 것은 아니었어요. 그 새는 정말 근사했거든요.

아버지 : 넌 정말로 그것을 부수려고 한 것이 아니었단 말이지?

아　들 : 예, 하지만 민수는 절 믿지 않아요.

아버지 : 네가 진실을 이야기한다 해도 민수는 널 믿지 않을 거라고 생각하니?

아　들 : 잘 모르겠어요. 어쨌든 민수에게 이야기하겠어요. 절 믿든, 믿지 않던.
그리고 그 애가 제 공책을 쓰레기통에 던져버린 것에 대해서는 사과해야 한다고 생각해요.

얼마나 놀라운 일인가? 아버지는 아무 것도 묻지 않고 아들의 이야기를 진심으로 들어주었을 때 아들은 모든 것을 이야기 했다. 또 아버지가 한마디 충고도 하지 않았지만 아들은 스스로 자신의 문제 해결책을 찾아낸 것이다.

✿ 내 용 요 점 ✿

1. 자녀행동의 4가지 부정적 접근
   1) 관심끌기
   2) 반항하기
   3) 보복하기
   4) 회피하기

2. 자녀가 화가 났을 때 도와주는 방법
   1) 바람직한 본보기
   2) 효과적인 표현방법 지도
   3) 이성유지
   4) 부모의 결정에 자녀의견 반영

3. 자녀의 감정을 이해하는 방법
   1) 자녀의 감정을 인정한다.
   2) 자녀나 상대방의 편을 들지 않는다.
   3) 자녀의 바람을 이해한다.
   4) 자녀의 말을 경청한다.

✿ 생각해 볼 사항 ✿

자녀가 문제를 가진 상황을 회상해본다.

1. 자녀가 화나고 속상한 때는 언제인가?

2. 당신은 자녀의 문제 상황을 변화시키고자 어떻게 했는가? 그 방법은 효과적이었나?

3. 당신이 힘들고 어려울 때 누구에게 이야기하는가? 그 이유는?

4. 자녀가 화내고 속상해 할 때 경청해주었나? 그 때 자녀의 반응은?

✿ 앞으로의 실천사항 ✿

1. 자녀가 화나고 속상할 때 부모가 도와줄 수 있는 효과적인 방법에는 어떠한 것이 있는지 글로 작성한다.

2. 자녀가 힘들고 어려울 때, 부모로서 공감하면서 자녀의 이야기를 경청한다.

I. 주의 깊게 자녀의 이야기를 들어 준다.

주의 깊게 잘 들어 주는 부모에게 아이가 자기의 문제를 더 쉽게 이야기할 수 있다. 부모는 아무런 말을 하지 않아도 좋다. 때론 아이들은 공감적인 태도로 조용히 지켜보는 것을 원한다.

* 출처 : 김지은 · 김진숙 역(1997). 자녀와의 사랑만들기.

Ⅱ. "오.. 음.. 그래"와 같은 반응으로 아이들의 말을 인정해 준다.

간단히 "오.. 음.. 그래"와 같은 말로 아이들에게 많은 도움을 줄 수 있다. 이러한 말과 주의 깊게 들어 주는 태도는 아이들로 하여금 자신의 생각과 감정을 탐색해 보도록 하고 스스로 문제를 해결하도록 도와준다.

Ⅲ. 아이들이 느끼는 감정을 이야기해 준다.

부모들은 일반적으로 위와 같은 반응을 해 주지 않는다. 왜냐하면 아이들의 감정을 읽어 주게 되면 일을 더 그르치게 될까봐 두렵기 때문이다. 그러나 아이들은 자기가 경험한 것을 누군가 이야기해 줄 때 자신의 내적 감정을 이해해 주는 것 같아 깊은 위안을 얻는다.

Ⅳ. 아이들이 원하는 것을 상상으로 표현해 준다.

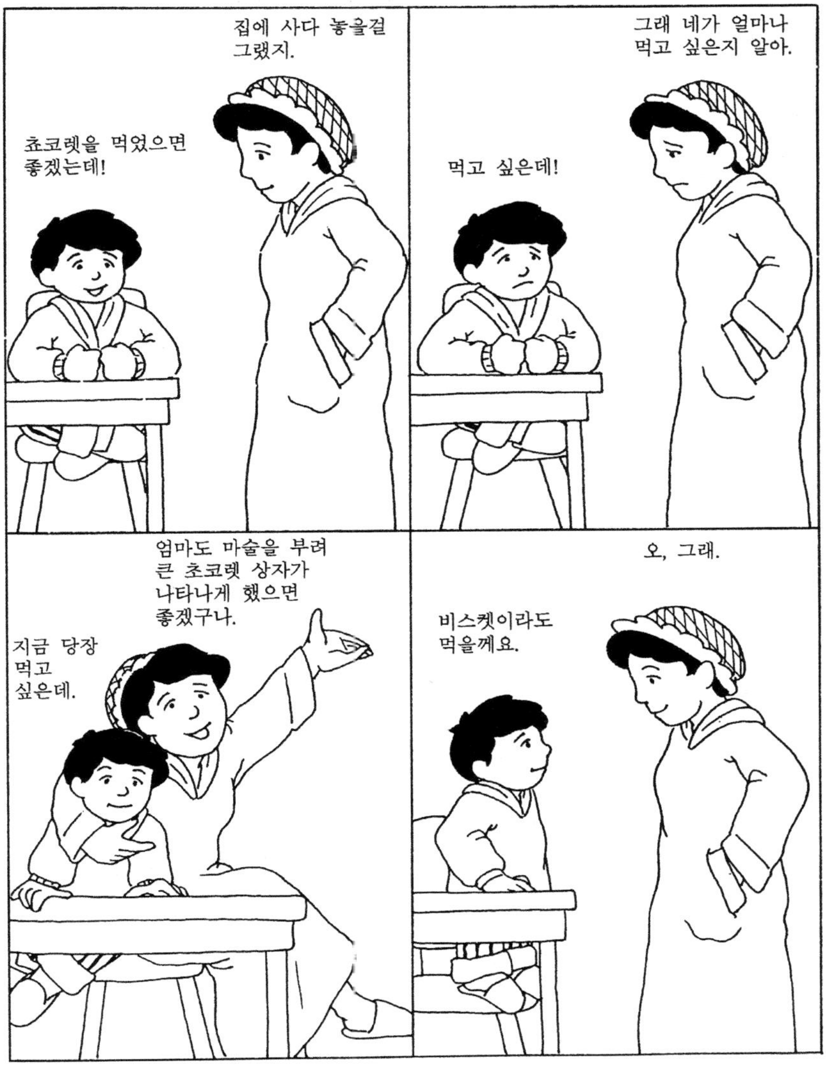

때로 아이가 정말로 원하는 것을 부모가 이해해 주는 편이 아이들로 하여금 원하는 것을 쉽게 참을 수 있도록 도와준다.

다섯 번째 주제

자녀와 효율적인 대화를 하자.

"If you love to hear, you will receive, And if you listen, you will be wise."

- Ben Sira -

1. 대화 방법의 중요성

많은 부모들이 자녀보다 다른 사람을 더 다정하게 대하는 것은 의아한 일이다. 만약 자녀가 음료수를 흘리면 부모는 "도대체 너는 왜 그러니? 조심하지 않고서. 빨리 치워!"라고 자녀에게 말한다. 그런데 이웃집 아이가 음료수를 흘리면 부모는 "괜찮아, 내가 치울게."라고 반응할 것이다.

부모가 자녀에게 보인 반응을 이웃집 아이에게 똑같이 한다면 그 아이는 어떻게 반응할 것인가?

그러므로 부모들은 두 가지 언어를 사용한다. 하나는 다른 사람들을 위한 것이고, 다른 하나는 자녀들에게 사용하는 것이다. 다른 사람에게는 교양 있고 우아한 말로 마음 상하지 않도록 조심스럽게 말한다.

우리는 부모로서 자녀에게 어떤 언어를 사용하고 있는가? 다른 사람에게 하듯이 자녀에게도 그들의 마음을 헤아리며 조심스럽게 교양 있는 언어를 사용하려고 노력하고 있는가?

그러므로 부모 자녀간의 대화시 무엇을 말하는 가 보다는 어떻게 말하는 가가 매우 중요하다. 즉 대화 내용보다 대화 방법이 중요한 것이다.

2. 전형적인 부모의 대화방법

엄마 : 예지야, 일어나. 또 늦었잖아! 넌 왜 매일 제 시간에 못 일어나니?
아이 : (울며) 알았어.
엄마 : 왜 아침부터 울고 난리냐! 빨리 세수하고 밥 먹어.
아이 : (꾸물거리며) 유치원 안 갈 거야.
엄마 : (한 대 때리며) 빨리 하라니까. 유치원 안 갈 거야?
넌 도대체 왜 이 모양이냐.
아이 : (할 수 없이 시키는 대로 한다)

어떤 일이 일어났는지 보았는가? 아이들과의 모든 대화가 결국 언쟁으로 바뀔 뿐 아니라 부모인 나는 아이에게 계속해서 빨리 하라고 강요하곤 했다. 그리고 부모와 자녀는 아침부터 기분이 엉망이 된다.

딸이 미장원에서 머리를 자르고 들어오면서 볼멘소리로 말한다.
이때 우리 부모들이 할 수 있는 일반적인 반응이다.

영지 : 엄마! 머리를 너무 짧게 잘라서 엉망이야, 창피해서 학교도 못 가겠어.

어머니 1 : 괜찮아, 산뜻해서 보기 좋은데. [칭찬, 찬성]
어머니 2 : 이왕 자른 머리, 투덜대지마. [명령, 강요]
어머니 3 : 네가 어떻게 잘라주라고 설명을 잘 해야지. 속상할 것 없어. 내가 다시 손봐줄게. [충고, 해결방법 제시]
어머니 4 : 걱정하지 마라, 며칠만 있으면 금방 자랄테니. [동정, 위로]
어머니 5 : 그 비싼 미장원에서 자르고 투덜대면 다음엔 집에서 내가 자를거야. [경고, 위협]
어머니 6 : 그런 일로 시간 낭비할 여유가 어디 있어? 그런 걱정 말고 열심히 공부나

해.[훈계, 설교]

어머니 7 : 다른 사람들은 네 머리가 긴지 짧은지 관심도 없어. 네가 다른 사람의 머리에 관심이 없는 것처럼 말야. [논리적인 설득, 논쟁]

어머니 8 : 그런 일로 투덜대는 사람은 속이 좁은 사람이야. [비판, 비난]

어머니 9 : 공부에 그만큼 신경 쓸 일이지, 외모에만 관심 있는 넌 허영으로 가득해서 속이 텅 비었어! [욕설, 헐뜯기]

어머니 10 : 네가 짧다고 느끼는 건 늘 긴 머리만 했기 때문이야! [분석, 진단]

어머니 11 : 누구한테 창피해? 네게 관심있는 남자친구라도 있어? 뭘 때문에 엉망이라는거야? [캐묻기, 심문]

어머니 12 : 그런 일에 마음쓰지 말자. 피곤할텐데 씻고 잠이나 자. 그리고 내일 다시 봐. [회피, 돌려묻기, 빈정거림]

당신이 부모로서 위와 같은 상황이라면 어떤 반응을 자주 사용하는지? 이 때 자녀들의 반응은 어떠했는가? 점검해 보는 것도 중요하다.

특히 위의 상황에서 보듯이 자녀가 창피하거나 속상해 하는 등 감정이 좋지 않을 때는, 부모들이 하는 일반적인 반응은 자녀를 더욱 화나게 할 뿐 도움이 안 된다. 이 때는 부모가 자녀의 감정을 이해해 주는 것이 중요하다.

자녀가 기분이 좋지 않거나 불평을 할 때, 부모가 아이의 감정을 이해해 주고 수용해 주는 것이 필요하다.

자녀가 기분이 좋지 않거나 속상해 할 경우 단지 부모가 자녀의 이야기를 잘 들어주고 공감적인 반응을 보여줌으로써 아이는 스스로 자신의 감정과 문제를 처리할 수 있을 것이다. 부모가 자녀의 감정을 이해해 주고 자녀의 말을 경청해 주어서 아이에게 부모가 "나를 이해해 주고 받아들여 주고 있구나."하고 느끼도록 아이들의 이야기를 들어주고 이해해 주는 것이 효과적이다.

3. 부모의 생각과 감정을 표현하기

자녀가 말썽을 부리고 부모를 귀찮게 하거나, 자신들이 하고 싶은 일을 꼭 해야 한다고 억지를 부리고 떼를 쓸 경우 부모는 불쾌한 감정을 느끼게 된다.

전형적으로 부모가 자녀의 행동으로 인해 화가 날 때, 자녀의 행동을 비난하고 훈계하는 경향이 있는데, 이것은 아이의 감정을 상하게 하므로 자녀의 행동을 변화시키는데 비효과적이다. 이 때는 지금 부모의 마음과 생각이 어떤 지를 정중하면서도 단호하게 전달하여야 한다.

부모의 효과적인 감정 표현 방법은 다음과 같다.

1) 문제점을 이야기해 준다.

· '목욕탕 물이 넘치고 있구나.'
· '침대 위에 젖은 수건이 있네.'
· '화장실에 불이 켜져 있구나.'

2) 정보를 제공해 준다.

· '귤껍질은 쓰레기통에 버리는 거야.'
· '욕하고 놀리는 것은 다른 사람의 마음을 아프게 한단다.'

3) 한마디 규칙

· 잠옷
· 껌
· 수건

유아들은 부모가 장황하게 이야기하면 잔소리로 생각하여 부모의 말에 무감각해지며 앞서 이야기한 것을 잊어버리는 경향이 있으므로 가능한 짧게 말하는 것이 바람직하다.

4) 메모를 남긴다.

집에 오면 즉시 TV를 켜는 습관이 있는 자녀를 위해 TV에 메모를 붙인다.

> 사랑하는 아들아!!
>
> TV를 켜기 전에 생각해 보자!
> 숙제는 했니?
> 피아노 연습은 했니?
> 엄마가 미리 고맙다고 할게.

야간 산행을 떠난 남편이 어느 날 저녁 아내에게 남긴 석 줄의 메모.

> 잘 다녀오겠소.
> 애들에게 전하시오.
> 지리산은 명산이요!!!!

외출하려는 아내를 위해 남편이 현관 문에 붙인 사랑의 메모...

> 여보!
> 가스불은 잠그셨나요?

5) 나-전달법과 너-전달법

나－전달법(I-Message)은 '나'를 주어로 하여 상대방에 대한 자신의 감정이나 생각을 솔직하게 표현하는 대화법이다. 예를 들면 "네가 장난감을 방바닥에 늘어놓으면 정말 화가 나. 왜냐하면 엄마가 걸어다닐 수가 없거든"하고 말하는 경우이다. 즉 "네가 … (행동)…… 하니까, 나는 … (감정)……게 느낀다. 왜냐하면… (영향)……하기 때문이야"하는 방식의 표현이다. 이러한 표현방식은 상대방에게 개방적이고 솔직하다는 인상을 줄 뿐만 아니라 상대방에게 나의 생각과 감정을 솔직하게 전달하기 때문에 상호간의 이해를 증진시킨다.

이에 비해 너-전달법 (You-Message)은 '너'를 주어로 하여 상대방의 행동에 대한 평가나 비평을 하는 대화방식이다. 예를 들면, 넌 너무 지저분해 탈이야! 너 정말 말 안 듣는 구나"하고 말하는 경우이다. 즉 "너는 ………하다"의 표현방식이다. 이러한 표현방식은 상대방의 마음에 상처를 주어 인간관계를 파괴시킬 뿐만 아니라 상대방에게 일방적으로 강요하거나 공격하는 느낌을 준다.

4. 문제해결의 대화

부모 자녀간의 생각이나 욕구의 차이로 인한 심리적 갈등을 해결하는 대화방법으로 부모 자녀 모두에게 받아들여질 수 있는 최선의 방법을 택하는 것이다. 즉 부모 자녀간에 갈등이 있을 때 부모와 자녀 중 한쪽은 지고 한쪽은 이기는 것이 아니라 부모와 자녀가 함께 수용하는 문제해결 방안을 찾아서 해결하도록 하는 민주적인 문제해결 대화방법이다.

1) 갈등해결의 6단계

① 부모와 자녀의 욕구 확인 : 자녀의 욕구를 충분히 들어준다. 자녀가 편안한 마음으로 임할 수 있도록 한 후 부모의 욕구를 나－전달법으로 표현한다.

② 다양한 해결방법 제안 : 문제를 해결할 수 있는 방법을 머리를 맞대고 생각해본다. 이 때는 자녀가 제안한 어떠한 해결방법이든지, 가능하지 않은 엉뚱한 방법까지도 다 받아들이며 비평하지 않는다. 자녀의 창의력을 기르는 좋은 기회가 된다.

③ 해결방법 평가 : 여러 가지 해결방법을 서로의 욕구에 견주어 바르게 평가해야 한다. 해결방법에 결함은 없는가, 실천 가능한가, 이행하기에 힘들지는 않는가, 모두에게 공평한가 등을 고려한다.

④ 해결책 결정 : 자녀에게 강요하거나 설득하지 말고 자녀가 수용할 수 있는 해결책을 자유롭게 선택하도록 한다.

⑤ 해결책 실행 : 해결책을 어떻게 실행할 것인지 얘기하는 것이 필요하다. 누가, 언제, 무엇을, 어떻게 행동할 것인가를 정한다.

⑥ 실행 평가 : 부모와 자녀가 서로 합의하여 결정한 해결책을 일정기간이 지난 후에 실행여부를 평가하는 것이다. 합의한 해결책이라고 항상 최선은 아니므로, 실행과정에서 불가능한 것이었거나 지나친 욕심 때문이었다는 것을 알았다면 해결책은 언제든지 조정할 수 있다.

2) 갈등해결 사례

민주적인 갈등해결 방법으로 문제를 해결한 사례를 보도록 하자.

부모는 저녁식사를 자녀들과 함께 하기를 원하고, 자녀들은 좋아하는 TV프로그램을 보기 원한다.

① 부모와 자녀의 욕구 확인
- 자녀의 욕구 : 좋아하는 TV프로그램을 보고 싶다.
- 부모의 욕구 : 저녁식사를 자녀와 함께 하고 싶다.

② 다양한 해결방법 제안
- 저녁식사를 미리 함께 하고 TV를 본다.
- TV를 본 후 저녁식사를 한다.
- TV를 녹화하여 저녁식사를 한 후 본다.
- TV를 보면서 저녁을 먹는다.

③ 해결방법 평가 : 제안된 문제해결 방법을 하나씩 부모와 자녀가 함께 어떤 방법이 좋은지 의견을 나눈다.

④ 해결책 결정 : 부모와 자녀 모두 가장 좋은 해결책으로는 저녁식사를 30분 일찍 미리 하고서 TV를 보는 것으로 결정했다.

⑤ 해결책 실행 : 오늘 저녁부터 실행하기로 했다.

⑥ 실행평가 : 1주일간 실행해 본 후 평가하기로 했다.

그러므로 문제해결의 대화는 다음과 같은 효과가 있다.

· 아이도 문제해결에 적극적으로 참여하게 된다.
· 부모와 자녀 모두 만족할 수 있는 해결점을 찾을 수 있다.
· 아이에게 문제해결 방안을 생각해 내는 사고력을 키워준다.
· 부모의 사랑을 깨닫게 된다.
· 아이를 한 개인으로 대할 수 있게 해준다.
· 부모의 권위나 억압이 덜 필요하게 된다.
· 참 문제가 무엇인지 서로 알게 된다.

5. 자녀와 대화할 때 지켜야 할 사항

1) 자녀가 말하는 내용을 정확하게 들으려고 노력한다.

2) 자녀가 말하는 내용은 물론 그 내면에 감추어져 있는 동기나 감정, 생각을 이해하며 듣는다.

3) 눈의 접촉과 신체적 접촉을 적절하게 사용한다.

4) 말할 때는 자신의 생각이나 감정을 간결하고 정확하게 표현한다.

5) 화가 나더라도 자녀를 비난, 조롱, 공격하는 말은 사용하지 않는다.

6) 자녀의 행동을 비난하거나 평가하지 않고, 있는 그대로 표현한다.

✿ 내 용 요 점 ✿

1. 부모의 생각과 감정을 표현하기

1) 문제점을 이야기해 준다.
2) 정보를 제공해 준다.
3) 한마디로 말한다.
4) 메모를 남긴다.
5) 부모의 감정을 이야기한다.
6) 자녀의 행동을 구체적으로 이야기한다.

2. 문제해결의 6단계

1) 욕구의 확인
2) 해결방법 제안
3) 해결방법 평가
4) 해결책 결정
5) 해결책 실행
6) 실행 평가

✿ 생각해 볼 사항 ✿

1. 부모로서 가족들에게 긍정적인 감정을 표현하는가? 못한다면 그 이유는?

2. 자녀의 행동 때문에 부모가 화가 났을 때 당신의 감정을 효과적으로 표현했는가?

3. 부모와 자녀사이에 갈등이 있을 때 어떻게 해결하였나?

❁ 앞으로의 실천사항 ❁

1. 일상생활에서 가족 간의 대화시 부모자신의 감정과 생각을 표현한다.

2. 부모－자녀 간에 갈등이 있을 때 문제해결의 대화 방법을 적용한다.

I. 본 대로 이야기하거나 문제점을 이야기해 준다.

누군가 단지 문제를 이야기 해 줄 때 아이는 문제해결을 위해 노력하게 된다.

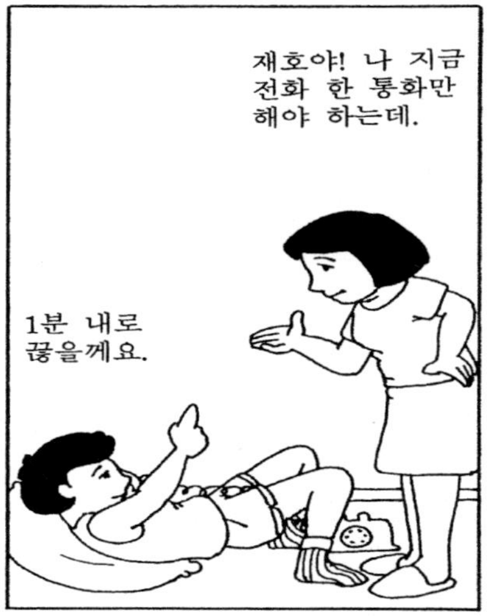

부모가 문제를 이야기 해 줄 때 아이들은 어떻게 해야 할지 말할 기회를 갖는다.

* 출처 : 김지은 · 김진숙(1997), 자녀와의 사랑만들기.

Ⅱ. 정보를 제공해준다.

정보를 제공해 주는 것은 비난하는 것보다 받아들이기가 쉽다.

아이들에게 정보를 제공해주면 그들 스스로 무엇을 해야 할지 알게 된다.

Ⅲ. 한 마디로 말한다.

이런 경우에 "말을 적게 할수록 좋다."

아이들은 강연이나 설교, 긴 설명 듣는 것을 싫어한다. 아이들에게는 짧게 말하는 것이 더 좋다.

Ⅳ. 부모의 감정을 이야기한다.

아이들의 특성이나 성격에 대해 이야기 하지 말자.

아이들은 부모의 솔직한 감정을 들을 권리가 있다. 우리가 느끼는 감정을 이야기 해 줌으로써 아이의 마음을 다치게 하지 않고 우리는 솔직해 질 수 있다.

부모들이 "나는" 혹은 "내가 느끼는.."과 같이 감정에 대해 이야기 하는 것이 도움이 된다.

당신에게 대들지 않는다면 아이가 불만이나 화가 난 것을 이야기 할 때 협력해 주는 것이 필요하다.

V. 메모를 남긴다.

때로는 아무 말도 하지 않고 메모를 남기는 것이 매우 효과적이다. 아래의 글은 하수구에서 딸아이의 긴 머리카락을 치우다가 화가 난 아버지가 써 놓은 것이다.

이 글은 직장에 다니는 엄마가 TV 앞에 테이프로 붙여 놓은 글이다.

여섯 번째 주제

성격이 다른 자녀와 조화롭게 지내자.

"It is not necessary for eagles to be crows."

- Sitting Bull -

1. 성격유형의 의미 및 지표

사람들은 한 공간에서 같은 사건을 경험하면서도 동일한 것을 느끼지 않는다. 어떤 사람은 사실적인 그림을 좋아하고, 또 어떤 사람은 추상적인 그림을 좋아한다. 또 새벽부터 일찍 일어나서 하루를 시작하는 아침형 인간이 있는 가하면 그와 반대로 남들이 모두 잠든 새벽까지 일하고 한낮에 하루를 시작하는 저녁형 인간도 있다. 가장 많은 것을 공감하고 공유할 수 있을 것으로 생각되는 혈연관계의 가족들도 서로 다른 욕구, 희망, 목표, 동기를 갖고 있다. 혈연으로 맺어진 가족일지라도 근본적으로 타고난 성향은 극복하지 못하는 것 같다.

성격유형은 일상생활에서 나타나는 개인의 선호경향을 나타내는 지표이다. Myers와 Briggs는 Jung의 이론을 근거로 하여 성격유형의 4가지 지표를 다음과 같이 제시하였다.

1) 성격유형의 4가지 지표

(1) 에너지 방향 : 외향성과 내향성(EI : Extraversion, Introversion)

외향성(Extraversion)은 에너지 방향이 주로 외부 세계를 지향한다. 외향성의 사람들은 사람들과의 만남이나 활동을 통해 활력을 얻는다. 행동 지향적이고 때로는 충동적으로 사람들을 만나며 솔직하고 사교성이 많으며 대화를 즐긴다.

내향성(Introversion)은 자기 내부 세계를 지향한다. 바깥세계보다는 자기 내부의 개념이나 생각, 또는 이념에 더 관심을 둔다. 내향형은 개인적인 공간과 혼자 하는 일을 좋아한다. 그래서 내향형은 외부활동에서 쉽게 피로를 느끼며 혼자 있는 시간을 통해 에너지를 충전한다.

(2) 인식의 기능 : 감각형과 직관형(SN : Sensing, iNtuition)

인식은 개인이 정보를 수집하는 기능으로 사물, 사람, 사건 및 사상을 깨닫게 되는 다양한 방법을 가리킨다. 정보를 수집할 때 감각을 통해 정보를 인식하기도 하고 또는 통찰을 통해 가능성, 의미, 관계를 파악할 수 있다.

감각형의 사람은 감각기관을 통해 관찰 가능한 사실이나 사건을 잘 받아들인다. 감각은 현재 일어나고 있는 일만을 의식하기 때문에 현재 자신이 경험하고 있는 일을 중시하며 현실적이고 관찰능력이 뛰어나고 세세한 것까지 기억을 잘하며 구체적이다. 감각형은 순서에 따라 업무를 수행하는 것을 좋아하며 근면성실하나 구체적인 사실을 중시하기 때문에 전체를 보지 못할 위험이 있다.

직관형의 사람은 오관(시각, 청각, 후각, 미각, 촉각의 다섯 가지 감각 기관)보다 통찰, 육감, 영감에 의존하여 구체적인 사실보다 사건의 이면에 있는 의미 관계 가능성 또는 비전을 보고자 한다. 직관형은 새로운 가능성을 추구하고 현재에 안주하기보다 미래의 성취와 변화 그리고 다양성을 즐기며 새로운 일이나 복잡한 일에 잘 뛰어든다. 상상력이 풍부하고 이론적이고 추상적이고 미래 지향적이며 창조적이다. 그러나 구체적인 것을 잘 보지 못하고 전체를 보려고 하기 때문에 세세한 부분을 간과하기 쉽다. 과수원의 나무에서 사과가 떨어지는 것을 본 감각형의 사람은 '저 사과는 덜 익어서 맛이 없을 텐데'라는 반응을 보이지만 반면에 직관형의 사람은 '벌써 가을이구나, 스피노자는 내일 지구가 멸망해도 오늘 한그루의 사과나무를 심는다고 했지, 그런데 나는...'과 같이 대조적인 반응을 보인다.

(3) 판단 기능 : 사고형과 감정형(TF : Thinking, Feeling)

감각과 직관을 통해 정보를 얻으면 그 정보에 바탕을 두고 판단, 결정 또는 선택을 하게 된다. 사고형은 상대방, 인정, 체면보다 논리적 분석과 원리에 따라 판단한다. 감정형은 개인적, 인간적, 사회적 가치에 기준을 두고 판단한다. 예를 들어 돈을 빌려줄 때 사고형은 돈을 어디에 쓸 것인지, 제 때에 갚을 수 있는지 등 돈을 빌려주어야 할 만한 상황을 파악하려고 한다. 그러나 감정형은 사람과의 관계에 초점을 두고 돈을 빌려주지 못했을 때 상대방이 느끼게 될 서운함이나 당황함에 더 많이 주의를 기울인다.

사고형은 객관적인 기준을 바탕으로 인정에 치우치지 않고 원칙, 정의, 공정성, 무엇이 옳고 그른가에 따라 판단한다. 따라서 일관성, 타당성을 중시하기 때문에 '냉정하다, 차갑다, 인간미가 부족하다'는 얘기를 들을 수 있다. 반면에 감정형은 주관적이고 인간적이기 때문에 논리나 분석보다 자신이 타인에게 어떤 영향을 줄 것인지에 대해 더 많은 관심을 둔다. 결정이 다른 사람들에게 미치는 영향을 고려하기 때문에 친화적이며 따뜻하고 조화로운 인간관계를 중시한다. 동정심이 많고 사람의 마음을 다치지 않도록 노력한다.

감정형이 보기에 사고형은 딱딱하고 인간미가 없고 경직되어 있는 원칙주의자들이다. 이와 반대로 사고형의 입장에서 보면 감정형은 우유부단하여 결단력이 없어서 상황에 따라 변한다.

(4) 생활태도 : 판단형과 인식형(JP : Judgement, Perception)

판단과 인식은 외부세계에 대한 태도나 적응에 있어서 어떤 과정을 더 선호하는가를 보여준다. 외부세계를 조직하고 구조화하는 방법에 있어서 판단과 인식은 차이를 보인다. 판단형은 의사결정하고 활동을 계획하고 어떤 일을 조직적이고, 체계적으로 진행시키고 종결짓는 것을 좋아한다. 판단형은 계획을 짜서 일을 추진하고 미리 준비하며 정확한 시간 내에 일을 종결짓는 것을 좋아한다. 단계적이고 순차적인 행동을 선호하는 판단형은 외형적으로 빈틈없고 단호하며 목적의식이 뚜렷하다.

인식형은 들어오는 정보 자체를 즐긴다. 삶을 통제하고 조절하기보다 상황에 맞추어 잘 적응하며 이해하는 편이다. 자발적이고 적응적인 행동을 하며 새로운 사건이나 변화를 추구하기 때문에 아무것도 잃은 것이 없다.

판단형은 일을 마무리해야 마음이 편하기 때문에 한 가지 일을 빨리 끝내고 다른 일을 추진하며 동시에 두 가지 일을 하지 못한다. 반면에 인식형은 동시에 두 가지 이상의 일을 할 수 있으나 마무리가 약하다. 판단형은 단기전에 강하고 인식형은 장기전에 강하다. 판단형이 보기에 인식형은 느리고 답답하다. 인식형에게 판단형은 성급하고 여유가 없고 조급하다. 판단형은 노는 것도 일처럼 하며 인식형은 일도 놀듯이 한다. 판단형은 시간에 쫓기며 살고 있고, 인식형은 여유를 갖고 살고 있다.

2. 성격유형과 양육태도

이사벨 마이어스는 앞서 진술한 4가지 지표 즉 에너지 방향(E/I), 인식기능(S/N), 판단기능(T/F), 생활태도(J/P)를 바탕으로 16가지 성격유형을 제시하였다.

사람들은 근본적으로 서로 다르다. 그것은 부모와 자식 간의 관계에서도 마찬가지다. 서로 다르게 생각하고 느끼고 이해하고 받아들인다. 각기 다른 사고, 신념, 가치관, 경험을 통해 세상을 바라보고 이해하면서 한 공간에서 서로 다른 꿈을 꾼다. 물체에서 반사되어 나오는 빛스펙트럼처럼 다른 눈에 비쳐진 다양한 모습들이 때로는 경이롭고 신선한 충격을 주고 호감을 불러일으키기도 한다. 그러나 대부분의 경우 다르다는 것 때문에 불쾌해지고 상대방을 이상하거나 심지어 나쁘다고 생각하기도 하고 자신에게 동화시키려고 노력한다. 이러한 시도는 의도한 바대로 원하는 결과를 가져오기도 하지만 대체로 심각한 갈등을 초래한다.

상대방을 변화시키는 일은 가능하다. 그러나 대부분의 경우 오히려 개인에게 상처를 입히고 그들의 모습을 왜곡시키고 자존심을 상하게 한다. 부모의 고통과 갈등의 근원은 선천적인 모습에 대한 몰이해와 자녀들을 자신의 희망대로 키울 수 있고 자신과 같아지도록 양육할 수 있다는 신념이다.

어머니의 성격유형에 따른 양육태도는 다음과 같다(심혜숙 · 곽미자, 1998).

1) ISTJ('책임감'의 어머니)

이 유형의 어머니는 매우 강한 책임감을 가지고 자녀가 잘 먹는지, 깨끗한지, 충분한 휴식을 취하는지를 살핌으로써 자녀의 매일의 일상적인 것에 대한 기본적인 욕구를 돌본다. 그러나 융통성이 부족하여 자신의 구조에서 벗어나면 그것에 적응하는 것이 어렵고, 일을 완수해야 할 필요가 있다고 생각하면 당장 즉시 일이 이루어지기를 원하는 완벽주의자일 수 있다. 또한 아이의 소란과 무질서로 인해 지속적으로 소진되는 자신을 볼 수 있다. 따라서 이 유형의 어머니는 매일 방해받지 않는 조용한 시간을 갖는 것이 필요하다.

2) ESTP('행동과 모험'의 어머니)

이 유형의 어머니는 재미를 만들어내고, 일상의 지루한 양상을 흥미로운 것으로 만드는 재능이 있다. 자녀로 하여금 세상을 탐구하도록 격려하며 아이들 수준에 맞춰 함께 행동하고 지낸다. 융통성이 있어서 어떤 제한에도 얽매이지 않는 삶의 양식을 가꾼다. 그러나 이유형의 어머니는 일상적인 집안일을 힘들어한다. 매일 자녀를 학교에 보내고, 시장보고, 정리정돈하고, 저녁식사 준비하는 것을 어려워한다. 또한 책을 읽는다거나 하는 조용히 있는 것이 어렵고 한번 시작한 것을 끝까지 마무리하는 것을 어려워한다. 따라서 이 유형의 어머니는 활동적인 자신의 욕구와

정적인 시간을 갖고자 하는 아이의 욕구 간에 적절한 균형을 맞춘 활동의 목록을 준비할 필요가 있다. 즉 산책을 하면서 자녀와 대화를 하는 것은 아이의 욕구와 반응하면서 자신의 욕구를 충족시키는 것이 된다.

3) ISTP('아이들에게 여유를 주세요'의 어머니)

이 유형의 어머니는 개별성을 존중하고 강요하지 않으므로 자녀가 독립적이고, 자립적인 인간으로 발달하는데 필요한 개인적인 공간을 제공한다. 그러나 이 유형의 어머니는 아이들이 필요로 하는 정서적인 친밀감을 주고자 할 때 어색함을 느낄 수 있다. 또한 아이들과 지적인 토의를 하는 것을 즐기는데 반해 자녀양육과 관련된 가사일을 하는 것은 매력적으로 보이지 않는다. 따라서 이 유형의 어머니는 자녀의 감정과 접촉하는 편안한 방법을 모색할 필요가 있으며, 일상적인 집안일에서 벗어나 혼자서 외출하여 서점을 들리거나 영화를 봄으로써 즐기는 것이 필요하다.

4) ESTJ('어떻게 하는가'를 보여주는 어머니)

이 유형의 어머니는 많은 일을 계획하고 실행시킬 수 있으며, 자녀들의 관심사에 대하여 대화하는 것을 좋아한다. 또한 아이들에게 사람들 사이에서 또는 집단속에서 편안하게 활동하는 기술과 기쁨을 가르친다. 그러나 자녀의 성공과 실패에 대해 지나치게 책임감을 느끼고, 자녀들이 자신의 원하는 방식대로 일을 하도록 내버려 두는 것을 어려워한다. 또한 자녀를 있는 그대로 수용하는 것을 어려워한다. 따라서 이 유형의 어머니는 자녀양육이라는 일로부터 분리될 수 있는 기회가 필요하다. 또한 자신의 욕구를 실현할 수 있는 공간 혹은 '전적으로 자신이 통제할 수 있는 '일이 필요하다.

5) ISFJ ('부드러운 사랑으로 보살피는' 어머니)

이 유형의 어머니는 조그만 것에도 관심을 기울이며, 아이들에게 매우 다정하고 온화하며 일상생활의 편안함을 아낌없이 제공한다. 또한 부모의 역할과 자녀로서의 역할을 분명하게 하며 일관된 규칙들과 예측가능한 일상적인 것을 설정하여 가족을 위한 신뢰로운 분위기를 제공한다. 그러나 자신의 봉사를 잘 드러내지 않고 가사일과 자녀양육을 수월한 것으로 보이게 하므로, 그러한 일들이 당연한 것으로 여겨지는 듯한 느낌이 들 때 힘들어 할 수 있다. 또한 가족에 대한 강한 의무감과 헌신으로 인해 내적, 외적으로 '해야 한다'는 의무감과 죄책감을 가지기 쉽다. 따라서 이 유형의 어머니는 자신의 관심사를 가꾸고 가끔은 자신의 욕구를 우선에 두는 것이 필요하다. 어린 아이는 어머니의 변함없는 관심을 고맙게 여길지는 모르지만 독립에 대한 욕구가 큰 나이든 아이일 경우에는 성가시게 생각할 수 있다.

6) ESFP ('항상 그곳에 있는' 어머니)

이 유형의 어머니는 100% 자기 자신을 자녀에게 헌신하고자 한다. 자녀 중심이고 생활이 기쁨으로 가득 차 있다. 가족 중심적이며 엄격하지 않아서 모든 연령의 아이들과 재미있게 지낸다. 그러나 훈육에 있어서 규제를 하는 것이 어려워 자녀가 불행해하면 규제하는 것을 나쁜 것이라고 생각할 수 도 있다. 또한 자녀가 독립적이도록 격려하는 것이 어려울 수 있으며, 자녀가 상처받거나 힘들어하는 경우에는 지나치게 흥분하게 된다. 따라서 이 유형의 어머니는 자신과 비슷한 연령의 자녀를 둔 어머니의 모임에 참여하는 것이 좋다 그리하여 다른 관점이나 대안들을 듣고 일처리 방식을 얻어 낼 수 있다. 또 자신의 욕구에 관심을 가져 자녀에게 그들의 독립성을 발달시킬 수 있는 공간과 시간을 제공하게 되는 이점이 있다.

7) ISFP('주고자 하는' 어머니)

이 유형의 어머니는 자녀들이 원할 때 쉽게 그 곳에 있다. 각 아이마다 반응을 하며, 그 순간의 욕구를 살핀다. 동정적이고 편안하므로 아이를 신체적으로 다정하게 어루만지면서 조용한 말로 달래준다. 그러나 관대하고 사람들을 즐겁게 하고자 하므로 자신을 돌보는 것을 매우 어려워한다. 다른 사람이 원하고 요구하는 것을 쉽게 수용하기 때문에 자신의 입장을 관철하고 '아니오'라고 말하는 것을 힘들어 할 수 있다. 따라서 이 유형의 어머니는 적절하게 거절하고 자기주장을 하는 방법을 배우는 데 있어 다른 사람의 도움을 받을 수 있다. 또 끊임없이 아이들에게 주고자 하는 것을 멈추고 책을 읽거나 영화를 보거나 산책을 하며 혼자서 시간을 보내는 것이 바람직하다.

8) ESFJ('함께 행복하고자' 하는 어머니)

이 유형의 어머니는 아이들과 친밀한 관계를 형성하며, 가족뿐만 아니라 친구들이나 공동체와 연결될 수 있는 기회와 활동을 아이들에게 제공한다. 또한 자녀가 지혜롭게 세상을 살아가는 방법을 알기를 원한다. 그러나 가족이 싸우면 좌절감을 느끼고 화가 나며 상처를 받을 수 있다. 또한 자기와 다른 아이들을 이해하고 수용하는 것을 어려워할 수 있으며 뒤로 물러나거나 내버려 두는 것이 어려울 수 있다. 완벽주의여서 모든 일이 바르게 제때에 이루어지도록 노력함으로 인해 지나치게 되는 경향이 있다. 따라서 아이가 하찮은 일로 다툴 때 건강한 관계는 어느 정도의 갈등이 필요하다는 것을 상기해야 한다. 또한 가정생활에 대한 애착과 끊임없이 타인을 위해 베풀고 주려는 것으로부터 규칙적으로 느슨해지는 것이 필요하다.

9) INFJ('자기 자신을 잘 알도록 강조하는' 어머니)

이 유형의 어머니는 아이를 잘 알고 있으며 친밀한 관계를 원한다. 아이들의 감정에 민감하며 아이들이 몰두하고 매일의 경험이 풍부할 수 있는 특이하고 신나는 일들을 꿈꿀 수 있다. 그러나 기본적인 가사 일을 하는 것에 지치고, 아이의 소란을 견디는 것이 힘들다. 또한 마음속의 이상을 가지고 살아가기 때문에 자신과 다른 사람에 대해 비현실적인 기대를 가지고 있다. 또한 가족의 화목을 유지하기 위해 지나치게 순응하고 자신을 희생하려는 경향이 있다. 그 결과로써, 아이는 지나치게 의존적일 수 있으며, 자신은 지치고 화가 날 수 있다. 따라서 이 유형의 어머니는 사람을 좋아할지라도 혼자서 지낼 수 있는 일정한 시간이 필요함을 기억해야 한다.

자신의 내향경향을 보살필 경우 자녀에게도 역시 도움이 됨을 안다. '어머니가 편치 않으면 어느 누구도 편치 않다'라는 말을 명심한다.

10) ENFP('아이들은 재미있어요'하는 어머니)

이 유형의 어머니는 자녀에게 기쁨을 주는 친구가 되어주며, 아이들로 하여금 자신의 재능을 인식하도록 돕는다. 바쁘고 분주한 생활양식과 가족활동의 소동에도 불구하고 자신의 흐름을 유지할 수 있다. 그러나 아이들과 심리적인 거리를 유지하는 것이 어려울 수 있고, 매일매일 거듭되는 일상생활을 어려워 할 수 있다. 또한 잘못된 결정이나 잘못된 행동일까 하는 염려 때문에 객관적이고 결정적이고 확고해지는 것이 어려울 수 있다. 이 유형의 어머니는 아이들의 개인적인 고민을 다루고자 할 때 객관적인 관점을 제시해 줄 수 있는 배우자나 친구들의 도움과 지지가 필요하다. 또한 선천적으로 다양한 활동에 이끌리고 가족의 정서적인 안녕을 지향하기 때문에 쉽게 지칠 수 있으므로 휴식을 취하는 것이 필요하다.

11) INFP('빨리 알아차리는' 어머니)

이 유형의 어머니는 수용적이고 관대하여 아이들과 친밀한 관계를 맺는 것에 높은 가치를 두며, 어릴 때는 아이들과 함께 놀아주는 시간을 갖는다. 또한 행복한 어린 시절의 추억을 만드는 것에 헌신적이고, 아이들의 감정에 관심을 기울이며 이해하고자 노력한다. 그러나 모든 사람의 관점에 반응하고자 하기 때문에 누구에게 귀를 기울여야 하는지 그리고 누구의 말을 들어야 하는지에 당황해한다. 다양한 선택사항 중에서 결정하는 것을 힘들어한다. 또한 질서나 조직, 사회적인 기대와 아이들의 욕구를 돌보고자 하는 자신의 바램과 조화를 이루는 것을 어려워한다. 따라서 이 유형의 어머니는 일정하게 하는 것보다 비구조화된 것 즉 예기치 않은 것을 다룰 때 최상으로 기능할 수 있다. 선천적으로 다른 사람이 생각하고 느끼는 것을 잘 알아차리므로 아이들을 위한 의사결정을 하고자 할 때 자신의 지혜를 신뢰하고 실행할 필요가 있다. 또한 항상 다른 사람에게 주고자 함으로 독서, 산책 등 자신만을 위한 시간과 일이 여러 가지로 유익할 수 있다.

12) ENFJ('마음과 마음을 나누는' 어머니)

이 유형의 어머니는 개방된 의사소통을 통해 이해, 친밀감, 정서적 지지를 제공한다. 아이의 감정에 예민하며 아이들이 자신을 자유롭게 표현하기를 원한다. 많은 일을 이루어내기 때문에 '슈퍼 어머니'처럼 보일 수 있다. 열정적이고 상상력이 풍부하여 모든 것에 창조적인 재능을 나타낸다. 그러나 친밀한 관계도 형성하고 일도 완수하고자 하므로 이것 아니면 저것을 선택해야 하는 경우 죄의식과 갈등을 느낄 수 있다. 하루가 끝나기 전에 완결되어야 하는 일이 많으므로 아이에게 집중하고 재미있게 놀아주는 것이 스트레스가 될 수 있다.

따라서 이 유형의 어머니는 유머를 사용함으로써 감정의 격렬함을 가라 앉힐 수 있다. 또한 일상적인 것의 많은 요구, 혼란, 소음 등으로 소진될 수 있으므로 혼자서 산책하거나 점심을 먹는 것은 에너지를 재충전하는 것이 된다.

13) INTJ('개인적 성실' 지향 어머니)

이 유형의 어머니는 자기 자신의 내면의 소리에 따르며, 다른 사람과는 다르게 보일 수 있는 자녀도 잘 지지할 수 있다. 또한 일상생활에 나타나는 복잡성을 지적으로 다루는데 중점을 두고 있다. 자신과 다른 사람에게 높은 기준을 가지고 살아가며, 자기 자신의 동기부여와 발전을 고무한다. 그러나 시끄러움, 말다툼, 수다 등으로 소진된다. 또한 다른 어머니와 다르다고 생각하기 때문에 자신을 보다 가정적인 어머니와 비교하여 부적절감을 가질 수 있다. 따라서 이 유형의 어머니는 자신에게 맞는 일이나 직업을 가지는 것이 필요하다. 또한 다른 많은 어머니들보다 더 아이들로부터 떨어져 혼자 지낼 수 있는 시간이 필요할 수 있다. 사고하고 독서하고 또는 내면의 소리에 귀를 기울이는 자신의 시간과 아이들의 물리적, 정서적 요구와의 적절한 균형이 필요하다.

14) ENTP('독립적인' 어머니)

이 유형의 어머니는 새로운 경험이나 짧은 외도를 위해 언제라도 자신이 하고 있는 것을 그만 둘 준비가 되어 있다. 그날의 지루한 일로 기분이 가라앉는 경우가 거의 없으므로 어떤 상황에서도 신선한 바람과 새로운 조망을 가질 수가 있다. 아이들이 자신의 의지대로 행동하고 자신의 독립성을 기를 수 있는 기회를 만들고 지지한다. 또한 세상을 경험할 기회를 제공하며, 관대함을 가지고 있다. 그러나 그날그날의 일정과 사소한 일에 대해 참을성이 없어서 매일 일상사를 처리하는 것이 어려울 수 있다. 따라서 집에서 아이들과 시간을 보내는 것을 좋아하고 편안하게 아이를 돌보아 줄 사람이나, 전통을 지키고 일상적인 집안일과 자녀양육에 조화를 이루기를 좋아하는 가정적인 남편의 도움이 필요하다.

15) INTP('배우는 것을 좋아하는' 어머니)

이 유형의 어머니는 지적으로 호기심과 참을성이 많으므로 아이들이 흥미 있어 하는 것을 함께 배우고자 할 때 아이들과 함께 시간을 즐긴다. 자녀의 독립성을 고무시키며, 자녀의 실수에 대해 비평적이지 않으며 관대하고 침착하다. 아이들이 자신을 불쾌하게 만드는 경우에도 흥분하는 경우가 거의 없다. 그러나 시끄럽고 혼잡한 가족생활과 일상사를 힘들어한다. 따라서 어머니는 독서나 사고 등 일에 몰두할 수 있는 규칙적인 시간을 정해 놓는 것이 유익하다. 다른 어머니와 비교하기 보다는 자신의 독특한 강점을 신뢰하고 아이들과의 관계를 즐기는 것을 배울 수 있다면 자녀양육에 대한 확신을 할 수 있으며 더 큰 기쁨을 찾을 수 있다.

16) ENTJ('총지휘자'적인 어머니)

이 유형의 어머니는 정열적이고 열심히 일하기 때문에 아이들은 유능한 누군가에 의해 모든 것이 질서정연하며 자신들의 욕구가 공정하게 받아들여지고 있음을 느낀다. 독립성을 장려하며, 모든 연령의 아이들에게 상황에 대하여 해결책을 숙고해 보도록 자신의 인식과 분석을 제공할 수 있다는 태도를 고취함으로써 아이들도 다양한 상황에서 해결책을 숙고하도록 돕는다. 또한 아이들과 깊이 있는 대화로 아이들의 지적발달을 자극한다. 아이들이 생각하는 것에 관심을 가지고 있기 때문에 이 유형의 어머니는 존중감을 가지고 아이의 말을 경청한다. 그러나 빠른 속도와 짜여진 일정으로 정상적인 속도로 늦추는 것이 어려우며 계획을 변화시키는 융통성이 부족할 수 있다. 또한 잠시라도 아이들에게 좋지 않은 감정을 경험하도록 내버려두는 것보다 문제를 해결하려고 노력한다. 따라서 어머니는 자신과 가족을 위해 어느 정도 비구조화된 시간을 가지는 것이 유익할 수 있다.

✿ 내 용 요 점 ✿

성격유형의 4가지 지표

1. 에너지 방향 : 외향성과 내향성 (EI : Extraversion, Introversion)

2. 인식의 기능 : 감각형과 직관형 (SN : Sensing, iNtuition)

3. 판단 기능 : 사고형과 감정형 (TF : Thinking, Feeling)

4. 생활태도 : 판단형과 인식형 (JP : Judgement, Perception)

✿ 생각해 볼 사항 ✿

부모－자녀관계, 부부 관계, 형제 관계, 고부관계 등 가족관계에서의 문제들 중 성격차이로 인한 문제를 회상해본다.

1. 당신의 성격과 자녀의 성격은 어떤 점이 비슷하고, 어떤 점이 다른지 비교해 본다.

2. 성격차이로 인한 가족 간의 문제를 해결할 수 있는 방안을 모색한다.

✿ 앞으로의 실천사항 ✿

1. 부모－자녀 간의 성격차이로 인한 갈등을 해결할 수 있는 방법에는 어떠한 것이 있는지 메모를 한다.

2. 부모 자신 성격의 장·단점을 인식하여 자녀에게 부정적인 영향을 주지 않도록 노력한다.

3. MBTI 검사를 통해 자신의 성격유형을 알아본다.

일곱 번째 주제

바람직하지 못한 자녀의 행동을 수정하자.

"Children have never been very good at listening to their elders, but they have never failed to imitate them"

- James Baldwin -

1. 행동수정의 원리

행동이란 자녀가 활동하는 모든 것을 말하며 수동행동과 작동행동으로 나눈다.

수동행동은 자녀의 의사와 관계없이 어떤 자극이 주어지면 자동적으로 발생하는 반응을 말한다. 일반적으로 반사행동이 이에 해당되는 데, 예를 들면 눈에 티가 들어가면 눈을 깜박거린다든가, 큰소리가 나면 놀란다든가, 배고플 때 음식냄새를 맡으면 침이 나온다든가, 몹시 추운 날씨에 밖에 나가면 몸이 떨린다든가 하는 행동이다.

작동행동은 수동행동과는 달리 자녀가 자기 의지에 따라 스스로 하는 자발적 행동을 말한다. 예를 들면 숙제를 하고, 친구를 만나고, 동생하고 사이좋게 놀고, 스스로 맡은 일을 처리해 나가는 일등 어떤 자극에 의해서 라기 보다는 개인의사에 따라 하는 행동을 말한다.

행동수정이란 행동 그 자체의 수정에 초점을 두고 있으며 다음의 세 가지 원리를 갖는다.

1) 부모의 행동을 모방하여 행동을 하게 된다는 모방학습이론 (Modeling Theory)이다.

가정에서 자녀와 가장 많은 시간을 보내는 성인을 가장 많이 모방하고 학습하게 된다. 그러므로 부모가 바람직한 행동을 하거나 남에게 인정받는 행동을 하면, 자녀도 이와 비슷한 행동을 모방하게 될 것이다. 반대로 가정에서 바람직하지 않는 장면의 모델을 보여 주었다면 비슷한 행동을 모방할 것이다.

미디어의 역할도 모델 관찰에 큰 영향을 주고 있다. TV 나 컴퓨터 프로그램에서의 장면은 모델학습의 자료로서 자녀에게 제공된다. TV에서 노래하는 것을 몇 번 보고나서 새로운 노래를 배우거나, 폭력영화를 보고 나서 난폭한 행동을 하거나 거친 말투를 흉내 내는 것처럼 모방학습은 자녀가 단지 관찰에 의하여 학습한다는 점을 강조한다.

2) 인위적으로 자극과 반응을 조정하는 조작적 조건형성이론 (Operant Conditioning Theory)이다. 이는 자녀가 어떤 행동을 했을 때 보상이나 격려를 통해 바람직한 행동은 강화시키고 바람직하지 못한 행동은 불쾌한 경험이나 회피행동을 통해 소거시키는 방법이다.

아이가 유치원에서 돌아온 후 엄마에게 "다녀왔습니다."라고 인사를 하였더니 엄마가 "참 인사도 잘 하네"하면서 머리를 쓰다듬어 주셨습니다. 그 뒤부터 이 자녀의 인사하는 행동은 더 빈번히 일어났고, 엄마는 그 때마다 머리를 쓰다듬어 주거나, 미소를 짓거나, 등을 두드려 주거나 안아주는 등 관심을 보여주며 격려를 해 주셨습니다. 결국 이 자녀는 인사를 잘 하는 아이가 되었습니다. 인사하는 행동이 엄마의 격려로 강화를 받아서 더욱 강화된 것입니다.

3) 고전적 조건형성이론 (Classical Conditioning Theory)이다. 고전적 조건형성이론은 자극과 반응을 짝지어 반복・제시함으로써 바람직한 행동에 대해서는

조건형성을 통해 학습화시키고, 부정적인 행동에 대해서는 소거시키는 방법이다.

예를 들면 자녀가 강아지를 만질 때 옆에서 큰소리를 들려준다. 그리고 아이가 강아지를 만질 때마다 매번 큰소리를 들려주면 소리에 놀란 아이가 놀라서 울게 되고 나중에는 아이가 강아지를 볼 때마다 우는 행동을 하게 될 것이다. 즉 강아지라는 자극과 큰 소리라는 반응을 짝지어 반복함으로써 조건형성이 이루어진 것이며 자녀의 행동도 이러한 원리에 의해 학습된다고 본다.

2. 바람직한 행동을 증가시키기 위한 원리

자녀의 바람직한 행동을 강화하는 원리는 정적 강화와 부적 강화로 구분된다.

1) 정적 강화(Positive Reinforcement)

바람직한 행동을 한 후에 유아가 좋아하는 보상을 띤 강화물을 제공하여 바람직한 행동의 발생률을 향상시키는 과정을 말한다. 정적 강화의 효과를 높이려면 바람직한 행동을 하자마자 즉시 후속 자극을 주어 강화시켜야 한다. 예를 들면 다음과 같다.

· '네 방을 잘 치우면 만화 영화를 더 많이 볼 수 있도록 해줄게.'
· '엄마가 시장에 다녀올 동안 동생을 잘 데리고 놀면, 네가 좋아하는 과자를 줄게.'
· '혼자 양말을 신어서 엄마가 뽀뽀를 해주고 껴안아 주는 것.'

2) 부적 강화(Negative Reinforcement)

바람직한 행동을 증가시키기 위해 유아가 싫어하는 어떤 자극을 제거해 주는 것을 말한다. 예를 들면 다음과 같다.

· '네가 숙제를 열심히 했으니까 오늘은 피아노 연습은 안 해도 된다.'

· '네가 방을 깨끗이 치우면 책상 정리는 하지 않아도 좋아.'
· '30분 이내에 산수문제 20개를 다 풀면 오늘 숙제 면제해 준다.'

3. 부적절한 행동을 감소시키기 위한 원리

자녀의 부적절한 행동을 수정하기 위해서는 자연적, 논리적 결과 경험시키기, 포화원리, 소거원리, 대체행동의 강화원리, 부적 강화 등을 활용한다.

1) 자연적 · 논리적 결과 경험시키기

(1) 자연적 결과

자연적 결과는 자녀가 어떤 행동을 했을 대 부모의 개입이 없이도 자연적으로 일어나는 결과이다.

〈자연적 결과의 예〉
· 아침을 거르면 점심시간이 되기 전에 배가 고프다.
· 늦잠을 자면 학교에 지각하게 된다.
· 장난감을 정리해 놓지 않으면 없어져서 가지고 놀 수 없게 된다.

자연적 결과를 사용할 수 없는 경우는 높은 곳에서 뛰어 내리거나 복잡한 도로에서 노는 등의 너무 위험부담이 크거나, 형의 책을 보다가 낙서하거나 찢는 등 자녀의 행동이 다른 사람에게 피해를 줄 때 등이다.

(2) 논리적 결과

논리적 결과는 자녀가 가정의 규칙이나 부모의 지시를 따르지 않을 때, 자녀의 부적절한행동을 수정하기 위해 그 대가로서 따르는 결과를 논리적으로 경험하게 하는 방법이다.

〈논리적 결과의 예〉

· 껌을 아무데나 버려서 가구나 옷에 붙인다 : 껌을 떼게 한다.
· 벽에 낙서를 한다 : 낙서를 스스로 지우게 한다.
· 밥을 잘 먹지 않고 편식한다 : 일체의 간식을 금한다.

2) 포화원리(Satiation)

유아의 바람직하지 않은 행동을 그만 두게 하려면, 그 행동에 싫증이 날 때까지 계속하도록 허용하거나 강요해야 한다.

예를 들면 튀김 감자 외에는 아무 것도 먹지 않고 다른 음식을 주면 뱉어버리는 자녀의 경우를 보자. 포화원리를 적용해서 자녀에게 매 식사 때마다 튀김 감자만을 주었다. 3일 동안 감자만을 먹은 아이는 다른 음식을 요구했다. 그 이후 아이는 점차 다른 음식도 먹게 되었다.

포화를 사용할 때에도 정적강화를 병행하면 더욱 효과적으로 문제행동을 바람직한 행동으로 변화시킬 수 있다.

3) 소멸원리(Extinction)

바람직하지 못한 행동을 중단시키려면 그 행동을 한 후에는 어떤 강화도 받지 못하도록 상황을 조정해야 한다. 즉 바람직하지 못한 행동에는 무관심한 태도를 보여 그 행동이 점차 감소하게 되는데 이런 현상을 소멸이라 한다.

칭얼거릴 때마다 과자를 주면 아이는 과자를 먹고 싶을 때마다 칭얼거리게 된다. 그러나 칭얼거릴 때는 과자를 주지 않고 무관심하게 대하고, 웃으며 잘 놀 때에만 과자를 주면 아이의 징징거리는 행등은 감소하고 웃으며 잘 노는 행동은 강화된다. 즉 바람직하지 못한 행동은 무관심으로 소멸시키고, 바람직한 행동은 보상을 통해 정적 강화를 하는 것이다.

그러나 부모가 무시해서는 안 되는 자녀의 행동에는 아이가 남을 괴롭힐 때나 물건을 파괴하거나 다른 사람에게 버릇없이 굴거나 방해가 되는 행동을 할 때이다.

4) 상반행동의 강화원리

유아의 바람직하지 못한 행동을 중단하도록 하기 위해서는 수정하고자 하는 바람직하지 못한 행동과 상반되는 좋은 행동을 강화해야 한다.

예를 들어 거실을 어지럽히는 유아를 야단만 칠게 아니라 어질러놓는 행동의 상반 행동인 깨끗이 치우고 정리하는 역할을 맡기면 어지럽히는 행동은 줄어들 수 있다. 이 때 유아에게 “정리부장”, “청소부장” 등 집안에서 일정한 역할을 할 수 있게 지위를 부여해 주면. 어질러 놓는 행동을 고치게 된다.

5) 부적 강화

유아의 바람직하지 못한 행동을 중단하도록 하기 위해서는 그 행동이 향상되었을 때 즉각적으로 혐오스러운 상황이 끝나도록 조정해야 한다. 즉 바람직한 행동을 함으로써 어떤 불쾌한 것을 면제받을 수 있다는 것이다.

유아가 싫어하는 부적 강화자극으로는 큰소리치거나, 때리거나, TV를 못 보게 하거나, 숙제, 시험 등이다.

6) 벌(Punishment)

벌이라고 하면 흔히 회초리나 야단치는 것 등의 불쾌한 자극을 연상하지만 행동수정에서 벌은 어떤 행동에 후속되어 그 행동의 발생률을 감소시킨다는 것에 있다. 그러므로 문제행동을 감소시키지 못하면 벌이라고 할 수 없다.

예를 들어 거실에서 떠들어서 현관에서 손들고 벌을 받았는데, 손들고 벌을 서면서 옆의 동생과 장난을 치며 벌서는 것을 즐긴다면 그것은 벌이 될 수 없다.

벌의 유형에는 고통과 좌절이 있다. 고통은 자녀에게 혐오스럽거나 고통스러운 것을 가하는 것으로 때리거나 야단치는 것 등이다. 좌절은 자녀가 강화로 생각하는 것을 빼앗는 것으로 장난감을 빼앗거나 TV나 컴퓨터 게임을 못하게 하는 것 등이다.

7) 타임 아웃(Time Out)

문제 행동을 일으킨 상황으로부터 일시적으로 격리시킴으로서 문제행동을 감소시키는 방법이다. 일종의 벌과 같은 역할을 하지만 벌보다는 여러 가지 부작용이 적은 방법이기 때문에 널리 사용된다.

예를 들어 수업중 이상한 몸짓으로 친구들을 웃기는 유아의 경우를 보자. 유아의 그런 행동이 친구들의 웃는 행동에 의해 강화되고 있으므로 그 행동을 소멸시키려면 강화를 받지 않도록 잠시 다른 곳에 격리시켜 두는 방법을 사용할 수 있다.

그러나 주의할 점은 첫째 문제행등이 발생하는 장소가 그 유아가 떠나기 싫어할 만큼 그 곳이 재미있는 곳이어야 한다. 둘째, 유아가 일시 격리되어 있을 장소, 즉 빈방이나 복도 등에는 재미있는 정적 강화자극 장난감, 과자, TV 등이 없어야 한다. 셋째, 격리시키는 시간을 최소화하여야 한다. 유아는 대개 1～2분 정도, 길어도 3분을 넘기지 말아야 한다. 넷째, 유아에게 격리시키는 이유와 때를 미리 가르쳐 준다. 마지막으로 격리된 방에서 원러의 활동으로 돌아오면 적절한 행동을 가르치고 격려한다.

4. 행동수정의 방법

행동수정이론은 행동수정 원리를 적용하여 유아의 행동을 관리하는데 목적이 있기 때문에 행동지도의 방법이 중요하다. 이러한 행동수정 방법은 목표행동의 정의와 관찰, 행동의 관찰과 기록, 행동분석, 강화와 벌이다.

1) 목표행동의 정의

부모가 자녀의 행동을 변화시키려고 계획할 때 우선해야 할 일은 목표행동을 좀더 구체적이고 관찰할 수 있는 행동으로 표현하는 것이다. 예를 들면, '우리 아이는 식사시간에 반찬은 먹지 않고 밥만 먹어요' 라든가, '형이 공부할 때면 그 옆에 가서 연필을 빼앗아요' 등의 구체적인 행동으로 표현하여야 한다.

2) 행동의 관찰과 기록

목표행동을 결정하고 난 다음 목표행동을 관찰하고 기록하여야 한다. 행동을 관찰하고 기록하는 목적은 행동이 발생하는 빈도, 강도, 지속시간 등을 결정하려는 것이다. 이러한 행동의 발생조건이 결정되고 나면 변화를 계획하여 평가할 수 있는 기준이 마련된다.

3) 행동분석

관찰된 자녀의 행동을 분석하는 것으로서 행동을 유발시키는 선행자극(antecedent), 행동(behavior), 행동 뒤에 오는 후속자극(consequence)을 찾아내는 과정이다.

선행자극	→	행동	→	후속자극
(Antecedent)		(Behavior)		(Consequence)
엄마가 출근하려고 한다.		유아가 엄마를 잡고 떼를 쓴다.		엄마가 장난감을 사주겠다고 약속한다

<행동의 ABC 분석>

행동을 유발시키는 선행 자극과 행동을 증감시키는 강화의 역할을 하는 후속자극이 무엇인지 알게 되면 행동을 변화시킬 수 있는 행동수정 계획이 원활하게 진행된다.

4) 강화와 벌

강화(reinforcement)란 행동을 증가시키기 위한 후속자극으로 정적 강화와 부적 강화가 있다.

정적 강화는 자녀의 바람직한 행동을 더욱 증진시키고자 할 때 칭찬이나 미소

또는 물건을 주어 그 행동을 더욱 하고 싶도록 하는 방법이고, 부적 강화는 자녀가 바람직한 행동을 할 대 싫어하는 대상물을 주거나 없앰으로서 강화하는 방법이다.

강화물에는 음식이나 장난감과 같은 물적 강화물이 있고, 칭찬, 미소, 안아주기, 쓰다듬기와 같은 사회적 강화물이 있으며, 스티커, 토큰 등과 같은 것을 모아서 보상을 받을 수 있는 토큰 강화가 있다,

벌은 행동을 감소시키기 위한 후속자극으로 벌은 어떤 바람직하지 않은 행동이 일어난 후 곧 주어서 그 행동을 약화시킨다. 꾸짖음, 체벌, 싫어하는 일 시키기, 특권 박탈, TV 못보기 등이 벌로 주어질 수 있다. 그러나 바람직하지 못한 행동을 제거시키기 위해서는 그 행동에 상반되는 바람직한 행동을 증가시키는 것이 효과적이다. 예를 들면 가정에서 늘 어지럽히기만 하고 잘 치우지 않는 자녀의 행동을 감소시키기 위해 아동의 치우는 행동을 강화시켜 주면 아동의 어지럽히는 행동이 감소될 것이다.

벌의 문제점은 다음과 같다.

· 벌의 효과는 일시적이다.
· 벌을 준다는 것은 그 행동의 책임을 부모가 진다는 의미가 된다.
· 벌은 복수심이나 적개심 또는 두려움이나 불안 등의 정서적 문제를 일으킨다.
· 벌은 저항이나 반항을 일으키거나 다른 사람을 공격하게 한다.
· 벌주는 것을 배우게 된다.

다음에서 부모들의 벌 받았던 기억을 생생히 볼 수 있다.

"아버지는 제 머리를 세게 쥐어박곤 했어요. 머리를 쥐어 박히는 것이 얼마나 창피한지 지금도 난 잊을 수가 없어요."

"선생님이 제 뺨을 때릴 때 정말 죽고 싶었어요. 그리고 그 다음부터 난 영어시간만 되면 소름이 끼치고 공부도 안 했어요."

"엄마는 내게 말할 기회도 주지 않고 화를 냈어요. 그 이후로 난 엄마를 미워했어요. 그리고 다음번엔 엄마에게 들키지 않도록 또 했지요."

그러므로 벌의 단점을 줄이고 장점을 살리기 위해서는 다음의 주의사항을 고려해야 한다.

첫째, 가장 효과적인 벌을 가장 부드러운 형태로 주어야 한다.
둘째, 벌의 기준은 확실하고 명확해야 한다. 어떤 행동을 하면 어떤 벌을 받게 된다는 것을 사전에 명백하게 알려 주어야 한다.
셋째, 벌주는 동안에도 유아의 바람직한 상반행동을 찾아 반드시 강화해 주어야 한다.
마지막으로 벌이 어느 정도 효과를 나타내면 점차 벌 대신 다른 정적 강화 방법으로 대치해야 한다.

일반적으로 행동수정에서 사용하는 강화의 원리는 다음과 같다.

· 행동의 강화는 행동이 발생한 즉시 하여야 한다.
· 행동의 강화는 목표행동에 도달할 때까지 반복하여야 한다.
· 행동의 강화는 바람직한 행동을 강화하면서 목표행동인 바람직하지 못한 행동을 강화 시키지 않는 양면작전을 사용해야 한다.

5. 행동수정시 부모의 전략

· 칭찬의 효과를 높이기 위해 신체적인 접촉을 자주 한다.
· 직접적인 눈짓을 통해 긴밀하고 개별적인 관계를 형성한다.
· 부모의 얼굴표정에 나타나는 만족을 자녀가 알 수 있도록 미소와 함께 언어적인 메시지를 전달한다.
· 자녀가 행한 행동 자체를 구체적으로 언급해 준다.
· 보상은 행동이 일어난 직후에 실행한다.

· 자녀의 긍정적인 행동에 대해 나 - 전달법을 사용하여 즉각적으로 표현한다.
· 부모의 몸동작이나 음성 등을 통하여 자녀가 애정과 친밀감을 느낄 수 있도록 한다.

6. 문제행동을 위한 행동수정 실제

자녀들에게 자주 나타나는 문제행동을 수정하기 위한 방법을 살펴보자.

1) 편식

· 식사하는 동안의 환경을 쾌적하게 만들어 보세요.
· 자녀의 기호에 맞게 다양한 음식을 조리하여 예쁜 그릇에 담아주세요.
· 부모가 음식을 골고루 먹는 모습을 보여주세요.
· 식사 전에는 사탕, 과자 등 단 음식은 주지 마세요.
· 이전에 먹지 않았던 음식을 먹었을 때는 칭찬으로 강화하세요.
· 식단에 나와 있는 모든 음식들의 맛을 보면 스티커를 붙여 보상해 주세요.
· 편식할 때는 냉담하세요.

2) 배변문제

· 자녀에게 화장실에 갈 것을 자주 상기시키세요.
· 배변신호를 보이면 부모가 배변처리를 해준 후에 칭찬해 주세요.
· 혼자 화장실에 가는 행동을 할 때 칭찬해 주세요.
· 오줌 쌌을 때 신경쓰지 말고 무관심하게 대하세요.
· 야뇨증일 경우에는 저녁에 물을 적게 먹도록 하고 자기 전에 소변을 보도록 지도하세요.

3) 주의산만

· 주의집중력을 증진시킬 수 있는 환경을 만들어 주세요.
· 한 가지 활동에 집중하는 태도를 보일 때 칭찬과 격려를 해주세요.
· 자녀가 활동에 집중할 수 있도록 조용한 환경을 제공해 주세요.
· 주의집중을 증진시키기 위해 아이를 체계적으로 강화해 주세요.
· 주의집중에 효과적이지 못한 활동은 무시하세요.

4) 고립행동

· 아이가 좋아하는 놀이를 친구와 함께할 수 있는 기회를 제공해 주세요.
· 다른 아이와의 사회적 상호작용을 할 때 칭찬으로 강화해 주세요.
· 자녀와 상호작용하는 다른 아이를 격려해 주세요.
· 체계적으로 사회적 기술을 배울 수 있도록 도와주세요.
· 관심을 얻으려고 혼자 있으려 할 때는 관심주지 마세요.

5) 때리는 행동

· 가능한 모든 공격적 상황을 사전에 예방하세요.
· 바람직한 사회적 행동은 칭찬해 주세요.
· 자녀가 다른 아이를 때리려는 충동을 통제하도록 체계적으로 가르쳐 주세요.
· 남을 때리면 타임아웃을 사용하세요.

✿ 내 용 요 점 ✿

1. 행동수정의 원리
 (1) 모방학습 이론
 (2) 조작적 조건형성 이론
 (3) 고전적 조건형성 이론

2. 바람직한 행동을 증가시키기 위한 원리
 (1) 정적 강화
 (2) 부적 강화

3. 부적절한 행동을 감소시키기 위한 원리
 (1) 자연적, 논리적 결과 경험
 (2) 포화원리
 (3) 소멸원리
 (4) 상반행동의 강화원리
 (5) 부적 강화
 (6) 벌
 (7) 타임아웃

4. 행동수정의 방법
 (1) 목표행동의 정의
 (2) 행동의 관찰과 기록
 (3) 행동분석
 (4) 강화와 벌

5. 행동수정의 실제
 (1) 편식
 (2) 배변문제
 (3) 주의산만
 (4) 고립행동
 (5) 때리는 행동

✿ 생각해 볼 사항 ✿

1. 자녀가 문제행동을 했을 때 어떻게 했는가? 그 방법이 효과적이었나?

2. 당신이 어렸을 때 부모로부터 벌 받은 기억을 회상해보자. 그 때의 심정은 어떠 했는가?

3. 부모로서 자녀에게 벌을 주었을 때 자녀가 어떤 반응을 했는가?
   그 때 부모의 감정은 어떠 했는가?

4. 자녀가 바람직한 행동을 했을 때 당신은 어떤 정적강화를 했는가?

5. 자녀에게 행한 행동수정 방법 중 효과적인 방법은 무엇인가?

❁ 앞으로의 실천사항 ❁

1. 이번 주에 가족들에게 정적 강화를 사용해 본다.
   그리고 가족들의 반응을 살펴본다.

2. 자녀의 문제행동을 구체적으로 정하고 실제로 행동의 ABC 분석을 해본다.
   그리고 긍정적인 후속자극을 사용해 행동수정을 실행해 본다.

3. 자녀의 부적절한 행동을 감소시키기 위한 행동수정 방법을 실시한다.

아이가 사태를 수습할 수 있도록 부모가 시범을 보인다.

＊ 출처 : 김지은 · 김진숙 역(1997), 자녀와의 사랑만들기.

여덟 번째 주제

환경을 변화시켜 바람직하지 못한 행동을 예방하자.

"To keep a lamp burning, we have to keep putting oil in it."

\- Mother Teresa -

환경의 변화는 유아의 주위 환경을 변화시킴으로써 유아의 행동을 수정하고자 하는 것이다. 환경적 변화는 특히 나이든 아동보다는 영아기나 유아기 자녀에게 더욱 좋다. 부모는 언어적 방법에 의존하여 자녀의 행동을 변화시키고자 하며, 어떤 부모는 부모의 강압적인 힘에 의하여 유아의 행동을 지배하거나 위협하려 한다. 결국 환경적 변화를 통한 변화는 무시하고 수용하기 어려운 유아의 행동에 부모는 말로만 떠들게 된다. 그러므로 간단한 환경적 변화로서 유아들에게 효과적으로 사용할 방안을 강구할 필요가 있다. 환경의 변화는 다음과 같은 종류가 있다.

1. 환경의 풍요화

환경의 풍요화는 유아의 바람직하지 못한 행동을 예방하고 중지시키는 효과적 방안의 하나로서 자녀에게 활동에 필요한 많은 자료들 즉 장난감, 책, 놀이시설, 완구 등을 제공하는 것이다. 아이들은 자신이 흥미 있는 일에 몰두하면 부모를 괴롭히거나 귀찮게 하지 않는다.

예를 들어 장시간의 자동차 여행의 경우에도 가끔 자녀들은 부모를 힘들게 한다. 이럴 경우를 대비하여 부모가 자녀의 지루함을 덜어주기 위해서 평소에 잘 가지고 노는 장난감이나 완구를 준비하면 유아의 잘못된 행동을 예방할 수 있다. 또한 친구가 있거나 놀이시설이 있는 곳에서는 부모의 말도 잘 듣고 바람직한 행동을 많이 한다.

2. 환경의 빈약화

유아는 지나친 환경의 자극을 싫어할 때가 있다. 예를 들어, 부모들은 자녀가 잠자야 할 시간에 텔레비전 시청과 같은 자극을 주면서 잠들기를 원한다. 이때 부모는 텔레비전을 끄고 조용한 환경을 조성하여 자녀가 잠들 수 있게 도와주어야 한다. 즉 이때는 자극을 주기보다는 자극을 약화시켜야 할 것이다.

또한 지나친 장난감의 제공은 유아의 바람직하지 못한 행동을 초래할 수 있다. 따라서 많은 장난감을 한꺼번에 제시하기보다는 몇 가지씩 여러 차례에 나누어서 제공하는 것이 자녀에게 도움이 될 수 있다.

3. 환경의 간결화

유아는 가끔 환경이 너무 복잡하고 어려울 때 바람직하지 못한 행동을 하게 된다. 그래서 엄마의 도움을 조르고, 어떤 활동은 아주 포기해 버리기도 하며 공격성을 보이거나 물건을 마루에 집어던지며 울고 달아나는 행동을 하게 된다.

다음에 제시하는 것은 부모가 유아의 환경을 간결화시키는 데 도움이 될 사항들이다.

첫째, 유아 스스로 혼자 힘으로 입을 수 있는 간단한 옷을 구입하여 제공한다.
둘째, 유아의 키에 맞는 낮은 옷걸이를 달아서 사용할 수 있게 한다.

셋째, 유아에게 깨지지 않는 컵이나 유리제품을 구입하여 제공한다.

넷째, 유아방의 벽지는 물로 지우기 쉬운 재료를 사용하도록 한다.

4. 활동공간의 제한

유아들의 활동공간을 제한하는 것은 유아의 바람직하지 못한 행동을 예방하는 데 도움이 된다. 부모는 가정에서 조금만 주의를 기울이면 유아의 생활공간을 제한하여 안전하게 키울 수 있다. 찰흙, 풀, 물감 등을 가지고 놀 수 있는 작업공간을 정해 놓거나 시끄럽게 장난을 쳐도 좋을 공간을 미리 정해주는 일도 생각해 볼 수 있다.

5. 유아의 보호방안

부모는 약, 화학약품, 칼 등을 유아의 손이 닿지 않는 곳에 두고 다음과 같은 사항에도 유의하여야 한다.

첫째, 깨지지 않는 컵이나 유리제품을 구입하여 사용한다.

둘째, 드라이버, 못과 같이 예리한 기구는 항상 잠궈 두고 보관한다.

셋째, 목욕탕 바닥에는 고무매트를 깔아 놓는다.

넷째, 성냥은 유아의 손이 닿지 않는 곳에 둔다.

다섯째, 손상된 전기코드나 콘센트는 즉시 수리한다.

6. 대치활동의 준비

위험한 칼을 갖고 놀고 싶어 하는 유아에게는 무딘 장난감 칼을 주도록 하고, 책의 종이를 찢는 아이에게는 신문지나 쓰지 않는 종이를 주어서 놀게 한다. 이와 같이 사소한 일이지만 대치할 활동을 주지 않고 박탈할 경우 유아는 좌절감을 느낄 것이다. 따라서 다른 활동으로 대치시키면 유아는 부모의 대안을 받아들일 것이다.

7. 환경적 변화에 대비

유아를 환경적 변화에 미리 대비시킴으로써 많은 바람직하지 못한 행동을 예방할 수 있다. 예를 들어 병원에 가서 예방주사를 맞아야 할 경우 병원에 가서 주사를 맞아야 한다는 사실을 솔직하게 이야기해 준다. 또한 지금까지 돌보아 주던 아주머니가 못 올 경우 다른 아주머니가 와서 봐줄 것이라고 이야기해 준다. 즉 유아가 낯선 일에 부딪칠 수 있는 일들—잠자리 변동, 새로운 친구 만나기 등—을 사전에 알려줌으로써 그러한 상황에 부딪혀서 유아들이 극복할 수 있도록 도와준다.

❁ 내 용 요 점 ❁

환경의 변화

1. 환경의 풍요화

2. 환경의 빈약화

3. 환경의 간결화

4. 활동공간의 제한

✿ 생각해 볼 사항 ✿

부모－자녀 관계, 부부관계, 형제관계 등 가족관계에서의 문제들 중에서 환경의 변화를 통해 해결할 수 있는 방법을 모색해본다.

1. 환경의 풍요화를 통해 해결할 수 있는 자녀의 문제는 어떠한 것이 있는가?

2. 환경의 빈약화를 통해 해결할 수 있는 자녀의 문제는 어떠한 것이 있는가?

✿ 앞으로의 실천사항 ✿

1. 부모－자녀간의 문제를 해결할 수 있는 환경의 변화에 대하여 메모의 글을 작성한다.

2. 부모－자녀간 문제를 해결할 수 있는 환경의 변화를 1~2가지 선택하여 실행에 옮긴다.

아홉 번째 주제

예절 바른 자녀로 키우자.

"Kindness and generosity form the true morality of human actions."

- Madame de Stael -

1. '예(禮)'란 무엇인가?

'예'는 인간관계의 바탕이며 사람들의 생활양식의 구조이다. '예'는 수렵시대이후 점차 부족국가가 형성되고 신분적인 상하관계가 맺어지게 됨으로써 사회적 질서를 유지하기 위한 하나의 사회적 요구로서 생성되었다. 즉, 인간이 자연적인 생활 형태를 벗어나면서 발생한 것이 '예'이며, 그 점에서 인간과 동물의 차이를 말해 주는 것이라 할 수 있다. '예'는 동물에게는 없고 오직 인간에게 있을 뿐이다. 한마디로 '예'란 문명화된 행동양식이다.

하나의 문화로서의 '예'는 역사적 계속성을 지니고 있다. 그것은 가르치고 배우는 것이다. 우리는 부모, 선배로부터 배우며 부모로서 다시 자녀에게 전달해주고 자녀는 다시 후손에게 가르치는 행동 양식이다. '예'의 내용은 시대에 따라 의식, 무의식적으로 형성되며 또한 변화되지만 그 근본정신은 교육과 전수를 통해 전승되는 것이다.

공자는 '예'란 마음의 근본이라고 주장하면서 '사람은 예가 아니면 행할 수 없다.'고 하였다. 즉 '예'에는 말을 함부로 하지 않는 언어의 '예', 남을 의식하고 챙겨 입는 의복의 '예', 상하를 구별하고 자기의 욕심만을 챙기지 않는 질서의 '예', 그리고 선과 악을 가릴 줄 아는 슬기의 '예' 등으로 구분하고 이 모든 '예'를 지킴으로써 삶을 바로 영위할 수 있다고 하였다.

'예'는 동서양을 막론하고 인간의 사회생활의 근본을 이루고 있다는 점에서 같다. 그리고 시간과 공간을 초월하여 불가변적인 인간관계를 규정하는 것이다. 사람은 사회적 동물로서 혼자서는 살아갈 수 없기 때문에 인간으로서의 자기관리와 사회인으로서의 대인관계를 원만히 하기 위해 '예'는 사회생활의 기본이 된다. 만일 우리 생활에서 '예'가 없다면 어떠할까? 마치 약육강식의 동물세계를 방불케 할 것이므로 즐겁고 조화로운 사회를 기대할 수 없을 것이다.

'예'란 인간이 지닌 순수하고 선한 마음이 행동을 통하여 표출된 것을 말한다. 아무리 배가 고파도 함부로 남의 것을 뺏어 먹을 수 없다는 의식, 이웃이 곤경에 처했을 때 도와주려는 따뜻한 마음씨, 지하철에서 노약자에게 자리를 양보해야 마음이 가벼운 섬김의 자세, 아랫사람의 잘못을 사랑으로 지도하고 바른 길로 인도하는 행동, 이러한 모든 마음의 표현은 '예'라고 할 수 있다. 또한 열과 성을 다하여 일에 임하는 것, 남의 입장을 배려하는 것, 믿고 지원해주는 사람에게 정성을 다하는 것 등도 '예'의 표현이다. 또한 사소한 것이라도 약속을 지키며, 자기에게 손해가 되더라도 정의의 편에 서는 것도 '예'이다. '예'는 구체적으로 예의범절, 즉 예절의 형태로 말할 수 있다.

2. 예절의 본질

예절의 근본은 합리성이다. 공자는 예절은 '모든 것을 이치에 맞게 하는 것'이라고 말하였다. 즉 예절은 적정한 정도를 넘어서는 안 되는 것으로, 남을 괴롭히거나 깔보지 말고 또 버릇없이 너무 가까이 해서도 안 된다고 하였다. 논어에서는 예절이란 사치하기보다는 검소하고 소박하게 지내는 것이라고 하며, 예기에서는 모든 것을 다스려 질서있게 하는 것이라고 하였다.

예절의 본질은 정신면에 있지만 형식으로 드러나게 되므로 시대적 상황과 각자가 처한 입장에 따라 그 적용을 달리할 수도 있다. 그러므로 전통예절의 근본이 아무리 옳더라도 시대 변화에 따라 표현형식은 점차 바뀔 수밖에 없으며, 앞으로도 사회가 변화하면 할수록 그에 따라 적절히 변화된 예절이 나타날 것이다.

1) 예절의 기능

'예절'의 기능에는 수기(修己)와 치인(治人)이라는 두 가지 기능이 있다. 수기란 스스로 사람다움을 지니기 위해 자기관리를 함을 의미하며, 그 본질은 정성스런 마음(誠)이다. 자기관리는 정직하고 정성스럽게 예절을 지키며, 항상 조심하고 삼가는 것을 의미한다.

치인이란 남과 함께 지내는 대인관계를 의미한다. 대인 관계시의 예절은 자기 내면을 다스리는 예절을 타인을 대할 때도 같이 적용하는 것을 의미한다. 즉 다른 사람과의 관계에서 상대를 대할 때 편안하게 느끼도록 해야 하는데 그 본질은 어른을 공경하고 아랫사람을 정성으로 사랑함으로써 나아가서는 인류애로 발전하게 된다.

따라서 '예절'이란 겸손한 마음가짐으로, 정성스럽게 자기 내면을 가다듬고 타인을 존하고 섬기며 사랑을 실천함으로써 품위있는 몸가짐, 바르고 고운 말씨, 세련된 행동을 나타내는 것이어야 한다.

2) 예절의 종류

(1) 동양예절

동양 예절의 기원은 실천 도덕인 유교에 바탕을 두고 있으며, 한국의 전통예절 또한 유교의 인(仁), 의(義), 예(禮), 지(智), 신(信)에 기본을 두고 인륜을 가르쳐 왔으므로 동양예절의 근본정신은 유교에서 기원하고 있음을 알 수 있다. 일상생활에서 '예(禮)'와 '의(義)'는 불가분의 관계이기 때문에 이를 결합하여 '예의'로서 사용하고 있으며, 특별히 '예의'라고 할 때는 규범적인 면을 강조할 경우에 쓰여진다.

공자는 예절을 지선(至善)이라 하였으며 가장 크고 아름다운 선의 범주로 인(仁), 경(敬), 효(孝), 자(慈), 신(信)으로 보았다.

우리 민족의 근원적 도덕관, 5덕은 '인', '의', '예', '지', '신'으로 사람이 사는데 필요한 윤리관 다섯 가지를 말한다. '인'은 어질고 착한 마음을 갖는 것, '의'는 의리를 지킬 줄 아는 충성심을, '예'는 실천하는 힘을, '지'는 이성과 지혜를 터득하는 학문을, '신'은 인간으로서 지켜야할 신용의 도리를 의미한다.

이와같은 5덕을 바탕으로 사람이 살아가는데 지켜야 할 5륜의 규범은 '군신유의(君臣有義)', '부자유친(父子有親)', '부부유별(夫婦有別)', '장유유서(長幼有序)', '붕우유신(朋友有信)'을 말한다.

'군신유의'는 임금과 신하와의 사이에 필요한 충성과 봉사의 정신을 말한다. 애국애족의 정신과도 맥을 같이 한다.

'부자유친'은 부모와 자식간에 지켜야 할 도리를 말한다. 부모와 자식간에는 '인' 즉 사랑으로 맺어져야 함을 의미한다.

'부부유별'은 부부간에 서로 존경하고 남녀는 서로 자기의 직분을 지켜야 한다는 것이다.

'장유유서'란 어른과 아이 사이에는 반드시 위 · 아래의 구별이 있어야 한다는 것이다. 선배와 후배, 상사와 부하, 노인과 젊은이의 구분은 인간의 근본적인 질서이므로 반드시 그 차례를 지켜 예절로서 실천해야 한다는 것이다.

'붕우유신'은 친구와의 신의를 지켜야 함을 뜻한다. 친한 친구일수록 서로 믿음이 있어야 한다는 것을 강조한 것이다.

(2) 서양예절

서양에는 예절을 뜻하는 낱말로 etiquette, manners, politeness, ritual, custom 등 여러 가지가 있다. 그러나 동양의 '예'에 가까운 뜻은 고대 그리스의 'nomos'에서 찾을 수 있다. nomos는 행동거지(行動擧止)에 관한 예의범절로서 젊은이는 어른 앞에선 적당히 침묵을 지켜야 한다는 것, 부모에게 효행을 하는 것, 노인을 자리에서 일으켜 드리는 것, 머리를 단정하게 하는 것, 일반적인 몸 차림새 등에 관한 내용을 포함하고 있다.

그러나 진정한 의미의 서양적 '예'의 정신적 기원은 성경에서 찾아볼 수 있다. '누구든지 자기를 높이는 사람은 낮아지고 자기를 낮추는 사람은 높아질 것이다.'(루가 14:11)라는 구절은 사랑과 겸손을 행동으로 표현될 수 있음을 보여준다. 또는 '너희는 남에게서 바라는 대로 남에게 해주어라'(루가 6:31)라는 구절이 모두 '예'의 표현이다. 이것은 나와 타인과의 관계를 자유로운 가운데서도 평등하게 유지하려는 형평의 정신이라 할 수 있다. 형평은 각자의 권리와 권한을 손상시키지 않는 가운데 각자의 자유와 평등을 지키면서 사회적 관계를 유지할 수 있게 하는 실천 원리이기도 하다.

서양 예절의 근본정신은 지역과 국가에 따라 즉 문화권에 따라 다르나 그 근본정신에 있어서는 차이가 없다. 첫째, 상대방에게 폐를 끼치지 않고 상대방을 편안하게 해준다. 둘째, 상대방에게 불쾌감을 주지 않고 호감을 갖게 한다. 셋째, 상대방을 난처한 상황에 처하도록 하지 않으며 상대방을 마음속으로부터 존경한다. 마지막으로 여성을 존중한다. 'Lady First'란 서양 예절의 가장 중요한 부분으로서 기독교와 중세의 기사도 정신에서 유래했으며 약한 여성을 돌보는 것이 신사다운 남성으로서 해야 할 기본 덕목으로 보았다.

이상과 같이 동양 예절에서는 상하 신분의 구별을 하는 편인데 비하여 서양 예절은 자유와 평등의 정신에 입각하여 상하간의 '예'가 아닌 대등한 인간간의 예의를 중시하며 나아가 동양 예절과는 달리 여성 존중 사상을 예절 속에 포함시키고 있다.

(3) 현대사회의 예절

현대사회는 물질적으로는 풍요해진 반면 정신적 가치관은 후퇴하고 인간성이 상실되는 경향이 있기 때문에 사람들은 원만한 대인관계를 유지하기 어렵다. 이와 같은 상황에서 인간성의 회복과 정신적 가치관의 제고를 위해서 무엇보다도 중요한 것은 예절을 올바로 실천하는 일이라 할 수 있다.

'예절'은 인간생활의 규범이요, 생활을 보다 명랑하고 생동감있게 하는데 필수적인 것이다. 예절은 남을 위해 일방적으로 자신을 희생하는 것이 아니라 우리 모두가 공존하기 위한 약속이다.

현대예절이 지향해야 할 점은 첫째, 개인 관계나 가족중심의 가례의 한계를 넘어서 보다 폭넓게 공중도덕, 공공질서도 한양시켜 공동체 삶의 질을 향상시킬 것을 목적으로 해야 한다.

둘째, 개별성이 존중되면서 동시에 타인과의 화합이 가능한 내가 있을 수 있고 개인의 인격수양은 물론 나아가 사회의 화합을 이룸으로써 도덕적으로 질서있는 사회를 이룩할 수 있다.

셋째, 예절이란 사람이 살고 있는 곳에서는 어디에서나 볼 수 있는 생활규범으로서 착하고 아름다우며 즐거운 마음으로 행할 때, 예절은 자연스럽게 전승, 발전될 것이다.

넷째, 우리의 '예절'은 상하의 인간관계가 중심이었으나, 이제는 평등하고 대등한 인간관계를 통한 예절을 지향해야 할 것이다.

마지막으로 '예절'은 행동으로 나타나며 지켜야겠다는 강한 의지를 가지고 실천에 옮길 때 가능한 것이다. 따라서 예절은 어려서부터 가정교육을 통해 몸에 배도록 습관화하는 것이 중요하다. 인간의 기본적인 품성은 가정에서 일상생활을 통해 보고 배우며 익히는 것이다. 부모는 항상 삼가는 마음으로 행동하며 자녀는 이를 본받아 예절 행동이 자연스럽게 반복되는 동안에 가족 전체가 '예'의 본질을 터득하여 생활화하게 될 것이다.

3. 유아 예절교육의 필요성

우리 조상들은 인간이 살아가는 데 있어서 예를 지키는 것이 가장 기본적인 도리라 여겨 예를 매우 중요시하였다. 예로부터 겸손과 사양을 바탕으로 남을 공경하는 예절바른 생활을 영위하고자 힘써 왔으며 예절바른 마음가짐의 기본이 되는 철학적 윤리적 배경이 확립되어 있었고, 또 이를 실제로 실천하도록 하는 교육이 일상생활 전반을 통하여 자연스럽게 이루어져 왔다. 이러한 예절교육은 가정에서 부모와 조부모가 담당하였으며 매일 매일의 가정생활을 통하여 부모와 조부모들이 행동의 모범을 보이며 자연스럽게 가르쳤던 살아있는 가르침이었다.

예절이란 일정한 문화권에서 오랜 생활습관을 통해 하나의 공통된 생활방법으로 정립되어 관습적으로 행해지는 사회계약적인 생활규범이다. 과거 우리나라는 동방예의지국으로 칭송될 만큼 일상생활 속에 예절문화가 자연스럽게 배어 있었는데 부모, 조부모 등과 같은 웃어른의 모범적 솔선수범과 각종 교훈서 들을 통해 자녀들에 대한 예절교육이 자연스럽게 이루어졌다.

'동몽선습'. '명심보감', '내훈', '계녀서' 등의 교훈서에서도 어린 자녀의 예절교육에 대한 내용들이 공통적으로 삽입되어 있음을 볼 때 유아기 예절교육을 얼마나 중요시 했는지 짐작해 볼 수가 있다. 또한 이러한 예절교육은 학교교육의 몫이라기보다는 가정의 몫이었으며, 부모와 조부모는 그 책임자로 가정생활에서 행동의 모범을 보이며 자연스럽게 가르쳐 주던 살아있는 가르침이었다.

그러나 현대 정보화 사회로 접어들면서 지식중심의 교육관이 주류를 이루고 핵가족화로 인한 가족구조의 변화, 기혼여성의 취업 증가 등으로 가정 내 인성교육 기회의 부족을 가져왔으며 또한 자녀양육의 기능을 사회로 이양시키는 결과를 가져와 올바른 가치관을 형성하는 예절교육은 가정과 사회에서 모두 소홀히 다루어지고 있는 실정이다.

유아기는 급속한 언어의 획득으로 사고의 범위가 넓어지고 인간관계의 접촉으로 기본적인 사회화가 이루어지는 시기르서 장래 건전한 성인으로서의 자질을 마련하는 첫 단계라고 할 수 있다. 따라서 이 시기에 원만한 대인관계를 가능케 해 주는 예절교육에 참여함으로써 유아는 협동이나 이타심 등의 친사회적 행동 습득을 보다 용이하게 할 수 있을 것이다.

특히 유아는 3, 4세를 전후하여 신체적인 발달을 비롯하여 언어, 정서적인 발달이 급격히 이루어지는데, 특히 발달 특성상 행동, 습관, 가치관 및 성격의 기초가 형성되는 중요한 시기이므로 이때 배운 가르침은 그의 전 생애를 통해 많은 영향을 끼치게 된다. 따라서 올바른 가치관을 가진 민주시민으로 키우기 위해 인성과 기본생활 태도의 기초가 형성되는 유아기의 예절교육은 매우 중요하다고 할 수 있다.

4. 유아 예절교육의 내용

오늘날의 유아 예절교육 내용은 과거 전통사회에서 유아에게 가르쳤던 예절교육의 내용과 거의 유사하다. 현대사회에서도 유아들에게 개인예절, 인사예절, 언어예절, 식사예절, 인간관계예절, 공공예절, 국가예절, 가정의례예절, 차예절 등 에 있어서 기본이 되는 예절을 가르치고 있다.

1) 개인예절교육 내용

모든 일에 긍정적인 마음을 가지며 단정한 몸가짐과 자세, 바른 몸동작과 단정한 옷차림을 갖는 것은 인간관계에 호감을 주는 기본요소이며 동시에 자신의 몸과 마음을 건강하게 가꾸어 주는 자기관리의 중요요소이다.

(1) 바른 마음

사람의 모든 행동은 마음에서 출발하므로 예절바른 행동도 바른 마음가짐에서 출발한다. 정성스럽고 바른 마음을 가지고 있지 않으면 말과 행동이 버릇이 없고 무례해진다. 또한 마음을 감추고 하는 행동은 부자연스럽고 가식적이어서 상대를 불쾌하게 만든다. 자신과 상대방을 존중하며 사랑하는 마음을 갖고 모든 사물과 자연을 소중하게 생각하고 모든 것에 감사하는 바른 마음가짐을 갖는 것이 예를 지키는데 기본이 된다. 따라서 부모는 자녀에게 바른 마음가짐을 어렸을 때부터 가르쳐 자연스럽게 바른 마음을 갖도록 해주어야 할 것이다.

(2) 바른 몸

바른 몸가짐은 모든 바른 예절의 기초로서, 몸가짐을 바르게 하면 마음가짐이 바르게 된다. 몸을 청결히 하고 단정한 옷차림을 하며 바른 몸동작은 예의범절의 기본이 된다.

첫째, 몸의 청결이다. 몸가짐의 기본은 몸을 깨끗하게 하는 것이다. 몸을 청결하게 하는 것은 자신의 건강을 위한 것뿐 아니라 다른 사람들에게 냄새 등으로 불쾌감을 주지 않기 위함이다. 세수는 아침, 저녁으로 하고 식사 전이나 외출에서 돌아온 후에는 손발을 깨끗이 씻으며, 이는 식사 후에 닦고 머리는 자주 감아서 냄새가 나지 않도록 한다.

둘째, 바르고 단정한 몸가짐이다. 이것은 상대방을 편안하게 하며, 바른 마음을 잘 전달하는데 효과적인 요소이다. 입은 조용히 다물고, 눈은 정면을 바라보며, 손은 필요없이 움직이지 않으며, 머리는 바르게 들고, 말소리는 나직하고 조용히 하며, 안색은 평온히 하고, 서있는 모습은 기대거나 삐뚤어지지 않으며, 얼굴표정은 밝고 활달하며, 발을 옮겨 걸을 때는 신중하게 한다.

(3) 바른 몸동작

서있을 때나 앉았을 때는 발을 나란히 하고 고개를 바르게 들며 앞을 바라본다. 두 손은 서있을 때는 가볍게 팔 옆에 붙이고, 앉아 있을 때는 가볍게 모아 허벅지 위에 놓는다. 또한 방문이 닫혀있는 방에 들어갈 때는 반드시 가볍게 '똑똑' 두드리고 소리를 내어 안에 있는 사람이 알도록 한다. 예를 들어 노크를 하고 '어머니 저예요'라고 말하고 들어와도 된다는 대답이 있으면 들어간다.

물건을 다룰 때는 다음의 사항을 유의하도록 지도해야 한다. 물건을 사용하고 나면 반드시 제자리에 두어야 한다. 또한 그릇이나 컵은 음식이나 입이 닿는 부분에 손이 닿지 않도록 한다. 물건을 주고 받을 때는 공손하고 안전하게 두 손으로 주고 받는다. 신문이나 책은 상대가 읽기 편한 방향으로 돌려서 드린다.

(4) 단정한 옷차림

옷차림은 사람의 첫인상을 좌우하므로 의복을 단정히 하는 것은 매우 중요하다고 할 수 있다. 따라서 지퍼나 단추는 채우며, 몸에 맞는 옷을 입고, 때와 장소에 맞게 입도록 자녀를 지도하여야 한다.

2) 인사예절교육

인사는 최고의 예절이다. 두 사람 이상이 사는 곳에는 반드시 인사예절이 있다.

인사는 상대를 인정하고 존중하는 예절이다. 인사는 사회생활의 기본이 되므로 어렸을 때부터 인사를 습관화하면 평생동안 즐겁고 원만한 생활을 하도록 돕는 것이며 나나가 사회전체를 밝고 아름답게 될 수 있도록 하게 된다.

바르고 정중한 인사는 상대에게 호감을 준다. 그러나 큰소리로 외치며 웃어버리는 인사, 망설이다 하는 인사, 하는 둥 마는 둥 하는 인사, 억지로 하는 인사 등은 상대를 존중하는 인사가 아니라 불쾌감을 주는 인사가 된다.

아주 가까운 사이라도 바르고 정겨운 인사를 주고 받을 때 그 관계가 좋은 관계로 오래 유지하도록 해 줄 것이다.

인사의 주요 요소는 표정, 눈 맞춤, 허리숙임, 인사말이다.

첫째, 인사를 시작할 때와 끝낼 때 따뜻한 눈 맞춤이 필요하다.
둘째, 상황에 따라 다르나 평상시는 밝고 부드러운 표정을 짓는다.
셋째, 상황에 맞는 인사말을 함께 하여 자신의 마음을 표현한다.
넷째, 허리를 숙여 상대방에게 공경하는 마음을 전달한다.

3) 언어예절교육

올바른 언어예절의 사용은 모든 인간관계 형성에 있어서 중요한 요소이다. 바른 언어예절을 실천하면 친밀감과 신뢰감을 줄 수 있는 인간관계를 형성하게 되지만 그렇지 않으면 가까웠던 사이도 멀어지게 된다.

특히 유아기는 많은 낱말과 어휘를 배워 나가는 시기이므로 이 시기에 바른 언어예절을 가르치면 다른 시기에 가르치는 것보다 교육의 효과가 크며 바람직하다. 바른 언어예절에는 내가 할 줄 알고 상대방이 들을 수 있는 칭호, 말씨, 어휘, 말의 맵시 등과 전화 사용시 지켜야 할 예절이 있다.

(1) 말하기

첫째, 표정은 밝고 명랑하게 한다.

둘째, 정확한 발음, 맑은 목소리, 적당한 속도로 말한다.
셋째, 말할 때의 자세는 바르게 한다.
넷째, 시선은 상대의 눈과 가슴부근에 두며, 가끔 상대의 눈을 본다.
다섯째, 쉬운 말과 고운 말을 사용한다.
여섯째, 어른께는 존댓말을 사용한다.

(2) 듣기

첫째, 상대방을 정면으로 향하고, 손이나 다리를 꼬지 않는다.
둘째, 시선을 마주보고 상대의 표정과 몸짓에도 관심을 갖는다.
셋째, 상대방의 감정에 관심을 갖는다.

(3) 존댓말

존댓말은 자주 사용하면 잘 할 수 있다. 특히 유아기는 많은 낱말과 어휘를 배워 나가는 시기이므로 존댓말 사용을 가르치는 것은 매우 효과적이며 바람직하다고 할 수 있다.

(4) 호칭예절

가족관계나 친족관계 등의 인간관계를 가장 잘 나타내는 것이 호칭이다. 유아들에게는 그들의 생활주변상황과 관계에 맞는 적절한 호칭을 알려주도록 한다. 특히 엄마, 아빠라는 말은 유아어이므로 초등학교로 올라가기 전에 어머니, 아버지로 부르게 하는 것이 유아의 자아형성과정에 도움을 준다.

(5) 전화예절

현대사회의 인간관계에서 전화는 매우 유용하여 없어서는 안 될 생활의 필수품이다. 3-4세가 정도가 되면 전화번호를 마구 눌러보기도 하고, 전화벨이 울리면 먼저 받으려고 하기 때문에 종종 난처한 경험을 하게 되는 경우가 많다. 5-7세가 되면 숫자의 개념도 알게 되고 직접 전화를 걸어 대화를 주고 받을 수 도 있다. 그러나 전화에 관한 예절은 바르게 습관이 되어있지 않은 경우가 많기 때문에 어린 유아시기부터 올바른 전화예절을 습득하는 것은 매우 중요하다. 또한 이 시기의 유아들은 자신을 양육하는 부모의 행동이나 태도를 모방하고 성장하기 때문에 어른들이 실생활에서 전화사용의 바른 태도를 보인다면 유아들도 생활가운데서 자연스럽게 올바른 전화예절을 익힐 수 있을 것이다.

4) 식사예절교육

유아가 음식을 먹고 식탁의 예절을 지키는 것을 보면 가정에서 부모로부터 어떤 교육을 받았는지를 잘 알 수 있다. 인격형성의 가장 중요한 시기인 유아들에게 음식을 먹을 때 다른 사람을 배려하고 존중하는 마음을 갖게 하므로써 더불어 사는 사회에서 바람직한 인간관계를 형성할 수 있게 자녀를 지도하여야 할 것이다.

(1) 식사 전 예절

식사 전에는 반드시 손을 닦고 음식을 먹게 하며, 상 차릴 때 돕도록 하고, 어른이 자리에 앉은 다음에 앉도록 한다.

(2) 식사 중 예절

첫째, 식기에 입을 가까이 대고 먹지 않으며, 식탁에 팔을 괴고 앉아 음식을 먹지 않도록 한다. 또한 식사 중에는 TV나 책을 보지 않도록 한다.

둘째, 음식을 먹을 때 쩝쩝거리는 소리가 나지 않게 한다. 그리고 음식물을 입에 넣고 말하지 않는다.

셋째, 자기가 좋아하는 음식만 탐하여 먹지 않도록 하며, 반찬을 뒤적거리며 골라먹지 않는다.

넷째, 어른이 수저를 든 후에 수저를 든다. 또한 음식을 다 먹었더라도 어른보다 먼저 일어나지 않는다.

(3) 식사 후 예절

첫째, 식사 후에는 감사히 잘 먹었다는 인사를 하고, 자기가 먹은 자리를 정리한다. 또한 식기를 설거지통에 갖다 놓는다.

5) 인간관계 예절교육

예절의 기본 요소를 습득하는 것은 일차적으로 가정에서 부모, 조부모, 형제자매 등 가족관계를 통해서 이루어지며, 가정 내에서의 올바른 사랑과 공경의 관계가 형성되며 나아가서 사회생활을 통해 바람직한 인간관계를 형성할 수 있게 된다.

(1) 부모님과의 예절

가정에서 어른 모시기와 효의 실천방법을 알도록 지도한다.

첫째, 부모님께 높임말을 사용하고, 부를 때 공손히 대답한다.
둘째, 부모님이 말씀하실 때 조용히 듣고, 끝난 후 말한다.
셋째, 부모님이 도움을 주셨을 때 '고맙습니다'라고 말한다.
넷째, 부모님께 잘못했을 때 '잘못했습니다', '죄송합니다'라고 말한다.
다섯째, 부모님과 대화할 때 부모님보다 큰 목소리를 내지 않는다.
여섯째, 잠자기 전이나 일어나서 인사드린다('안녕히 주무십시오', 안녕히 주무셨습니까?).
일곱째, 외출할 때나 돌아와서 인사드린다('다녀오겠습니다', '다녀왔습니다')
여덟째, 부모님께서 외출하시거나 돌아오셨을 때 인사드린다('안녕히 다녀오십시오', '안녕히 다녀오셨습니까?').
아홉째, 부모님의 물건을 함부로 만지거나 사용하지 않는다.
마지막으로, 부모님과 어른의 심부름은 기쁜 마음으로 한다.

(2) 형제자매간의 예절

과거와 달리 자녀수가 적어서 다양한 형제자매간의 관계를 경험하지 못한다. 가정에서 어릴 적부터 사랑하고 협동하는 마음을 배우고 익힘으로서 이를 토대로 친구나 이웃 등의 다른 사람과 더불어 살아가는 원만한 사회생활을 할 수 있도록 지도한다.

첫째, 서로 아끼고 위해 주어야 한다는 것을 말과 행동으로 지도한다.
둘째, 형제자매간에 고운 말을 사용하게 한다.
셋째, 형과 아우간의 서열을 지킨다.
넷째, 형제자매간이라도 자기 물건이 아닌 것은 반드시 허락받고 사용한다.

(3) 친구간의 예절

친구는 또래집단을 형성하여 자신들의 생각과 말을 전하며 유사한 경험과 사고를 공유하는 매우 중요한 대상이므로 좋은 관계를 형성하면 원만한 사회성 발달은 기대할 수 있다.

첫째, 친구 간에 고운 말을 사용한다.
둘째, 만나고 헤어질 때 '안녕'이라고 인사한다.
셋째, 친구를 방해하지 않고, 서로 돕는다.
넷째, 친구의 물건을 만질 때 허락을 받고, 놀이감을 나누어 가지고 논다.
다섯째, 친구와의 약속은 반드시 지킨다.

(4) 이웃간의 예절

오늘날 아파트 등의 공동주택에서 여러 사람이 모여 사는 주거형태가 대부분을 차지하고 있어서 이웃과 더불어 살아가기 위해 지켜야 할 예절도 많아지고 있다.

첫째, 식사 때가 되기 전에 집에 돌아온다.

둘째, 친구 집의 규칙을 따른다.

셋째, 이웃집의 물건이나 냉장고 등을 열어보지 않는다.

넷째, 집에 오기 전에 갖고 놀던 물건은 제자리에 정리해 놓고 간다.

다섯째, 엘리베이터나 계단에서 소리치거나 장난하지 않는다.

여섯째, 실내에서 뛰거나 큰 소리를 내서 이웃에 불편을 주지 않는다.

마지막으로, 경찰관, 의사, 간호사, 소방관, 운전기사, 환경미화원 등 이웃의 여러 사람에게 감사하는 마음을 갖는다.

(5) 친척간의 예절

과거 농경사회에서는 친척간의 유대가 강했으나 오늘날 가족관계에서는 축소되고 소원해지고 있다. 유아에게 친척관계의 의미와 호칭을 가르쳐서 친척관계의 소중함을 알고 그 속에서 인간관계의 기본 틀과 더불어 살아가는 방법을 배울 수 있게 하는 것은 매우 바람직한 일이 될 것이다.

❁ 내 용 요 점 ❁

1. 예절의 기능
 1) 수기 : 자기관리
 2) 치인 : 대인관계

2.우리 민족의 도덕관 5덕과 5륜
 1) 5덕 : 인, 의, 예, 지, 신
 2) 5륜 : 군신유의, 부자유친, 부부유별, 장유유서, 붕우유신

3. 예절교육의 내용
 1) 개인예절
 2) 인사예절
 3) 언어예절
 4) 식사예절
 5) 인간관계예절

✿ 생각해 볼 사항 ✿

부모님은 자녀의 예절교육을 위해 바람직한 본보기가 되었는지 생각해본다.

1. 부모가 존댓말 사용하는 것을 자녀가 자주 듣고 경험하였는지 생각해본다.

2. 자녀의 예절교육을 위해 부모가 바람직한 본보기가 될 수 있는 것에는 어떠한 것이 있는지 구체적으로 생각해본다.

✿ 앞으로의 실천사항 ✿

1. 자녀의 예절교육을 위해 부모가 바람직한 본보기가 될 수 있는 사항에 어떠한 것이 있는지 구체적으로 글로 작성한다.

2. 작성한 글을 냉장고 문 등 자주 볼 수 있는 곳에 붙여두고 실행에 옮긴다.

• 인사말

<아침에 자고 일어나서>

안녕히 주무셨습니까?

<부모가 외출할 때>

안녕히 다녀오십시오.

<식사 전>

잘 먹겠습니다.

<식사 후>

맛있게 먹었습니다.

* 출처 : 김정신 · 정해은 · 조희진(2004), 유아예절교육.

<친구와 만났을 때>

안녕 !

<친구와 부딪혔을 때>

미안해

<어른께 선물을 받았을 때>

고맙습니다.

<잠자기 전>

안녕히 주무십시오.

열 번째 주제

이웃과 함께 나누며 살아가자.

"It takes a whole village to raise a child"

- African saying -

1. 나눔의 삶이란

인간이란 혼자서는 살 수 없는 사회적인 동물이며, 인간의 삶은 관계 속에서만 존재하기 때문이다. 그러므로 우리가 가족, 어른, 이웃, 자연, 환경과 함께 나누며 산다는 것은, 우리의 행복과 생존과 직결된 문제이다.

나누며 산다는 것은 타인에 대한 존중을 기초로 다른 사람과의 관계에서 질서와 예절을 지키고, 갈등을 건설적으로 해결하며 서로의 성장을 도모하는 것이다.

구체적으로 살펴보면 다음과 같다.

1) 관계 속의 질서를 지킨다.

사람이 살아가면서 맺는 수많은 관계에는 항상 질서가 있다. 부모관계, 친구관계, 교사와의 관계, 선후배관계 등에는 나름대로 지켜야 할 질서가 있다. 나누며 산다는 것은 이런 각 관계에서 지켜야 할 질서를 잘 알고 잘 지켜나가는 것을 의미한다.

2) 서로 존중, 보존한다.

우리가 만나는 여러 사람들을 하나의 인격체로서 존중하고 그의 성장과 발전을 돕고자 하는 것이 나누며 더불어 사는 모습이다.

3) 갈등을 건설적으로 해결한다.

인간관계에서 갈등은 필연적으로 일어날 수밖에 없다. 항상 일어나는 갈등을 통해 자신과 남의 개선점을 발견하고 성장의 기회로 삼는 것이 잘 나누며 더불어 사는 모습이다.

4) 서로 성장을 돕는 것이다.

나누며 산다는 것은 상호간에 발전하도록 서로 돕는 것이다.

2. 필요성

1) 우리는 여러 관계 속에서 사는 사회적 존재로서 사람은 누구나 항상 주위 사람, 환경과의 관계에서 산다. 어느 누구도 관계에서 독립하여 살 수 없는데 그러므로 자신이 맺은 여러 관계에서 잘 어울리는 것이 필요하다.

2) 나누며 더불어 사는 것은 행복의 기본조건이며 우리가 행복을 느끼는 가장 기본적인 방법은 주위 사람과 힘께 잘 어울리는 것이며 이것이 되지 않을 때 다른 어떤 것으로도 참된 행복을 누리기는 힘들다.

3) 자기를 성장시키고 실현하는 길이며 인간관계가 풍성하고 원만할 때 다른 사람으로부터 여러 도움을 받을 수 있으며 그것을 기반으로 자기를 성장시킬 수 있다. 자기실현은 이러한 관계에서의 풍성함이 이뤄질 때 성취할 수 있다.

4) 세계시민의 기본자질이기 때문이다.

이제는 세계가 하나의 공동체로 생활하고 있다. 지구 반대편의 사건이 바로 우리의 생활에 영향을 미치는 세계화 시대에 다른 사람과 함께 나누며 산다는 것은 세계 시민으로서 올바로 살아가는데 필수적으로 요구되는 사항이다.

3. 함께 나누며 살도록 하기 위한 부모의 역할

· 사람들이란 서로 유기적으로 연결되어 있어서 혼자는 살수 없음을 가르친다.
· '우리'라는 공동체 의식을 심어주기 위해 함께하는 공동체 활동에 가능한 많이 참여 하도록 기회를 준다.
· 공동체 속에서 서로 협력하고 함께 나누는 즐거움을 경험하도록 기회를 만들어 주고 그 의미를 찾도록 돕는다.
· 이웃과 인정을 나누며 함께 어울릴 수 있는 시간을 마련하고, 먼저 인사하는 등의 모습을 부모가 실천하며 보여준다.
· 소외되고 약한 이웃을 위해 봉사할 수 있는 기회를 마련한다.
· 내가 가지고 있는 것 중 하나 이상 남과 함께 나눈다.
· 생각, 피부, 종교, 경제수준, 언어, 풍습이 다른 이웃을 배척하지 않고 존중하고 사랑하 도록 편견 없는 가치관을 심어준다.
· '최고'를 위한 경쟁심이 아니라 '최선'을 위한 성실함을 가르친다.

4. 함께 나누며 사는 모습 돌아보기

다음은 당신이 부모로서 나누며 더불어 사는 모습들입니다. 현재의 내 모습과 일치하면 '그렇다', 일치하지 않을 때는 ' 아니다', 확실히 판단하기 어려울 때는 '모르겠다'에 표시하시오.

항 목	그렇다	아니다	모르겠다
1. 나는 '우리'라는 공동체 의식을 갖고 있다.			
2. 나는 공동체를 위해 나의 개인적인 욕구를 절제할 줄 안다.			
3. 나는 다른 사람에 대해 깊은 관심을 갖는다.			
4. 나는 다른 사람을 위하여 시간을 할애한다.			
5. 나는 다른 사람을 위하여 돈과 물질을 나눈다.			
6. 나는 소외되고 약한 사람을 위하여 봉사한다.			
7. 나는 슬픔과 고통도 이웃과 함께 나누고 서로 위로와 힘을 준다.			
8. 나는 나의 물건을 남과 나눠쓴다.			
9. 나는 남을 돕는 것을 기쁘게 생각한다.			
10. 나는 나와 경제수준, 생각, 종교, 생활습관이 다른 사람들도 함께 나누며 살아야 할 사람이라고 생각한다.			

5. 생활 속에서 자녀와 함께 할 수 있는 활동

1) 가족모임

가족모임은 모든 가족원이 정규적으로 계획하는 모임으로 즐거운 시간을 갖고 가족 내에서 일어나는 문제에 대해 각자가 생각하는 바를 함께 들을 수 있는 기회도 된다.

그러므로 가족모임은 집안일의 계획, 역할분담, 갈등 해결, 관심사를 나누고 서로 격려하며 가족원의 이야기를 듣는 등 기타 여러 가지 결정을 내리는 것이다.

가족모임은 진행할 때의 기본원칙은 다음과 같다.

· 모든 가족원은 동등한 목소리를 가진다. 모든 가족은 자신의 이야기가 경청되고

있다고 느끼고 또한 가족의 결정에 이의를 제기할 수 있다는 것을 인식할 필요가 있다.

· 모든 가족원은 주제에 대한 생각이나 느낌을 나눌 수 있다.
· 결정은 합의에 의한다. 즉 불일치가 있는 경우에는 가족원들이 모두 동의할 때까지 토론 한다는 것이다.
· 모든 결정된 사항은 다음 모임 전까지는 유효하다.
· 일정한 시간에 만나고 의장과 서기는 돌아가면서 맡는다.
· 가족모임이 집안일의 분담과 문제 해결뿐 아니라 가족 내에서 일어난 좋은 일을 알림으로써 가족원을 격려한다.

가족모임에서 문제를 다루는 방법

· 문제점을 규명한다.
· 문제에 대한 생각과 느낌을 서로 나눈다.
· 브레인 스토밍(brain storming)을 이용하여 가능한 해결책을 끌어낸다.
· 토론과정을 거쳐 결정에 도달한다.
· 결정된 사항은 실행한다.

〈가족모임 회의록 예〉

4월 8일 (토요일)

사회자 : 큰딸
서　기 : 아들

- 우리 가족이 결정한 사항
· 저녁 식사시간은 7시로 정한다. 식사시간 외의 식사준비 및 설거지는 가족원 각자가 한다.
· 이번 여름 휴가는 2박 3일로 지리산 콘도로 가기로 한다.
· 각자 역할 및 준비물 분담, 식단 작성
- 좋은 일 알림
· 아빠, 엄마 결혼 10주년을 축하합니다.
· 가족모임에 맛있는 간식 준비해주신 엄마께 힘찬 박수를....

2) 함께 나누기

아이들끼리 놀다 보면 항상 같은 장난감을 두고 싸우게 마련이다. 그럴 때마다 아이들을 앉혀놓고 함께 나누는 것에 대해 설명해주자. 물건을 함께 사용하면 다른 사람을 행복하게 해줄 수 있다는 점을 알려주어야 한다. 아이가 다른 사람과 무엇을 나누려고 시도하면 아주 작은 것이라도 칭찬해주자.

타이머나 자명종을 사용해서 시간을 정해놓고 아이들이 차례대로 돌아가면서 물건을 나누어 쓸 수 있게 하는 것도 방법이다.

3) 산타놀이

생활이 어렵거나 불우한 환경의 아이들에게 장난감이나 선물을 전해주는 '산타놀이'를 해본다. 자녀들에게 그 아이들은 가진 것이 별로 없으니, 우리 것을 나누어 주면 참 행복해 할 것이라고 일러주자. 전해줄 선물을 직접 선택하도록 해도 좋다.

상황이 허락한다면 선물을 주는 장면을 사진으로 찍어두고, 생각날 때마다 다른 아이들을 행복하게 해주었던 일을 되새기면 좋다. 아이들의 양보심을 칭찬해주고, 사람은 받는 것뿐만 아니라 주는 것에도 기쁨을 느낄 수 있다는 점을 알려준다.

4) 봉사할 수 있는 기회 찾아보기

사람들이 무엇을 필요로 하는지 살피는 일이다. 다른 사람에게 필요한 것을 살피는 일은 어려운 일이므로, 그것을 발견하려면 유심히 관찰하고 귀 기울여 들어야 한다는 것도 알려준다.

도움이 필요한 경우는 여러 가지다. 용기를 북돋우는 말이나 칭찬이 필요한 사람도 있을 것이다. 또 친구가 필요한 외로운 사람이나 굶주리고 있는 아이들, 외로운 노인들도 있다.

하루를 정해서 이 게임을 해보자. 온 가족이 함께 저녁에 모일 수 있는 날이면 된다. 낮 동안 다른 사람들에게 무엇이 필요한지 유심히 살피면서 하나 하나 기록해둔다. 저녁에 모여서 각자가 적은 내용을 비교하면서 토론해보자.

5) 가족의 경축일 지키기

한 가족은 생일, 결혼기념일, 입학, 졸업 등 많은 경축일을 가지고 있다. 가족 내에서 가족원 각각의 위치는 가족원들이 협력을 해야 잘 지켜질 수 있다. 남편은 아내와 관련된 경축일을 잘 지키며 적절한 방법으로 아내의 위치와 권위를 살려주고, 아내는 남편과 관련된 경축일을 잘 지키며 기념해 주며 남편의 위치와 권위를 살려줄 때 그 가족은 보다 위계적 질서가 있으며 조화로울 것이다. 보다 구체적으로 부모는 자녀들에게도 조부모와 형제자매와 관련된 경축일을 알려주어, 카드를 만든다든지 선물을 준비한다든지 해서 가족의 경축일을 기억해서 가족을 기쁘게 하는 것을 어릴 때부터 생활화하도록 하는 것이 바람직하다.

활 동 내 용		앞으로 하고 싶은 선물
생일날짜쓰기	할머니	
	할아버지	
	할머니	
	아빠	
	언니/누나	
	형/오빠	
엄마, 아빠의 결혼기념일 쓰기		

6) 이웃과 더불어 살기

이웃과 더불어 살기 위해서는 협동정신이 필요합니다. 이웃과 더불어 살기 위해서 자녀와 함께 할 수 있는 활동은 어떤 것이 있을까요?

· 이웃에게 공손히 인사한다.
· 이웃도 나와 동등하게 소중한 사람들이라고 생각한다.
· 버스나 전철에서 자리를 양보한다.
· 몸이 불편한 친구의 가방을 들어준다.
· 나와 다른 모습과 가치관, 생활양식 등을 그대로 인정한다.
· 이웃의 어려움을 도우려고 노력한다.

7) 환경, 자연과 더불어 살기

환경문제가 심각합니다. 우리가 살아갈 환경을 보호하기 위해, 자녀와 함께 할 수 있는 것에는 어떤 것이 있을까요?

· 물건은 아껴쓰고 폐품은 재활용한다.
· 쓰레기를 함부로버리지 않으며 놀러가서 생긴 자기 쓰레기는 가져온다.
· 쓰레기 분리수거를 생활화 한다.
· 음식물은 남기지 않는다.
· 주변의 동, 식물은 물론 모든 생명체를 소중히 여긴다.
· 물을 아껴쓴다.

6. 가족과 함께 나누며 살도록 하기 위한 부모의 역할

우리가 함께 더불어 살아야 하는 영역에는 가족과 친구, 웃어른, 이웃 그리고 환경과 자연 등이 있다. 이 5가지 영역에서 자녀들과 가장 많이 접촉하고 가까운 관계인 가족과 함께 나누며 살도록 돕기 위한 실제적인 연습을 하자.

가족과 함께 나누며 살기란 부모에게 효도하고 형제간에 우애하며 어려운 일이 있을 때 서로 돕고 기쁨과 슬픔을 함께 하는 것이다.

구체적으로 살펴보면 다음과 같다.

· 가족을 소중하게 여기고 사랑한다.
· 가족 내에서 지켜야 할 것을 잘 알고 실천한다.
· 가족끼리 서로 돕는다.
· 각자가 해야 할 역할을 잘 알아 행동한다.
· 형제간에 우애있는 생활을 한다.
· 부모와 윗사람의 권위를 존중한다.
· 가족간에 깊이있는 대화를 한다.

가족과 함께 나누며 살도록 하기 위한 부모의 역할은 다음과 같다.

· 자녀에게 어릴 때부터 존댓말을 가르친다.
· 가족규칙을 명확히 정하고 가능한 한 가족 모두가 지키도록 한다.
· 형제간에 우애하도록 가르치며 부모가 먼저 모범을 보인다.
· 자녀가 자신의 경험을 가족과 나눌 수 있도록 부모가 편안한 자세로 경청해 준다.
· 부모가 자녀들에게 좋은 부부관계를 보이고 부모를 공경하는 등의 모범을 보인다.
· 가족 각자의 역할을 정하고 잘 실행하도록 한다.
· 가족모임을 갖고 가족규칙이나 가족의 관심사를 이야기하고 감정을 나누며 가족이 자유롭게 자기의 의견을 표현하도록 한다.
· 부모가 본분을 다하고 자녀에게 충분한 사랑을 줌으로써, 자녀 스스로 부모에게 존경심을 갖도록 권위를 세운다.
· 갈등 발생시 대화를 하도록 유도하며 갈등을 민주적으로 해결하도록 지도한다.

자녀가 가족과 함께 나누며 사는 모습을 점검해 보자.

가족과 나누며 더불어 사는 모습	그렇다	아니다
1. 우리아이는 자신의 생각과 느낌을 가족에게 잘 표현한다.		
2. 우리아이는 다른 가족의 입장을 고려하여 행동한다.		
3. 우리아이는 가족 내 윗사람의 권위를 인정한다.		
4. 우리아이는 가족이 겪는 어려움에 관심을 갖고 도우려 노력한다.		
5. 우리아이는 가족을 위하여 자기 욕구와 주장을 포기할 줄 안다.		
6. 우리아이는 형제간에 우애 있는 생활을 한다.		
7. 우리아이는 가족의 잘못을 용서하고 덮어준다.		
8. 우리아이는 기상 및 취침시간, 식사시간, 귀가시간 등을 지킨다.		
9. 우리아이는 가족간에 갈등이 생겼을 때 대화로 해결하려 노력한다.		
10. 우리아이는 가족끼리 모여서 대화나 놀이를 하며 즐거운 시간을 보낸다.		

❁ 내 용 요 점 ❁

1. 나눔의 삶

1) 관계속의 질서를 지킨다.
2) 서로 존중하고 보존한다.
3) 갈등을 건설적으로 해결한다.
4) 서로 성장을 돕는다.

2. 함께 나누며 살도록 하기 위한 부모의 역할

1) 사람은 혼자 살 수 없음을 가르친다.
2) 공동체 활동에 많이 참여하도록 한다.
3) 부모자신이 이웃과 잘 어울리는 모습을 보여준다.
4) 봉사의 기회를 마련한다.
5) 이웃을 존중하고 사랑하도록 하는 편견없는 가치관을 심어준다.

3. 생활 속에서 자녀와 함께 할 수 있는 활동

1) 가족모임
2) 함께 나누기
3) 산타놀이
4) 봉사할 수 있는 기회 찾아보기
5) 가족의 경축일 지키기
6) 이웃과 더불어 살기
7) 환경, 자연과 더불어 살기

✿ 생각해 볼 사항 ✿

1. 가족모임을 언제, 어떻게 진행하는가?

2. 부모로서 기족의 경축일을 잘 지켰는가?

3. 부모로서 현재 하고 있는 봉사활동은 무엇인가?

"요즈음 자녀가 어머니와 이야기가 잘 안통하고 잔소리가 많다고 불평이 많다. 동생과도 방 정리와 옷 바꿔 입는 것 때문에 자주 다툰다. 어머니가 타이르고 혼내도 자녀의 행동이 고쳐지지 않는다."

4. 자녀가 가족과 함께 더불어 살지 못하는 모습은 무엇인가?

5. 자녀의 행동을 바로잡기 위해 해야 할 일은 무엇인가?

6. 위의 상황에서 당신은 자녀에게 어떻게 할 것인가?

❁ 앞으로의 실천사항 ❁

1. 부모가 자녀들에게 먼저 가족과 함께 나누며 사는 모습을 보이도록 한다.
2. 부모가 자녀들에게 이웃과 함께 잘 나누며 사는 모습을 보이도록 한다.
3. 일상생활 속에서 가족이 함께 할 수 있는 봉사활동의 기회를 갖는다.
4. 가족이 일정한 시간을 내서 가족모임을 갖는다.

아이들이 집 밖의 자원을 이용할 수 있도록 격려한다.

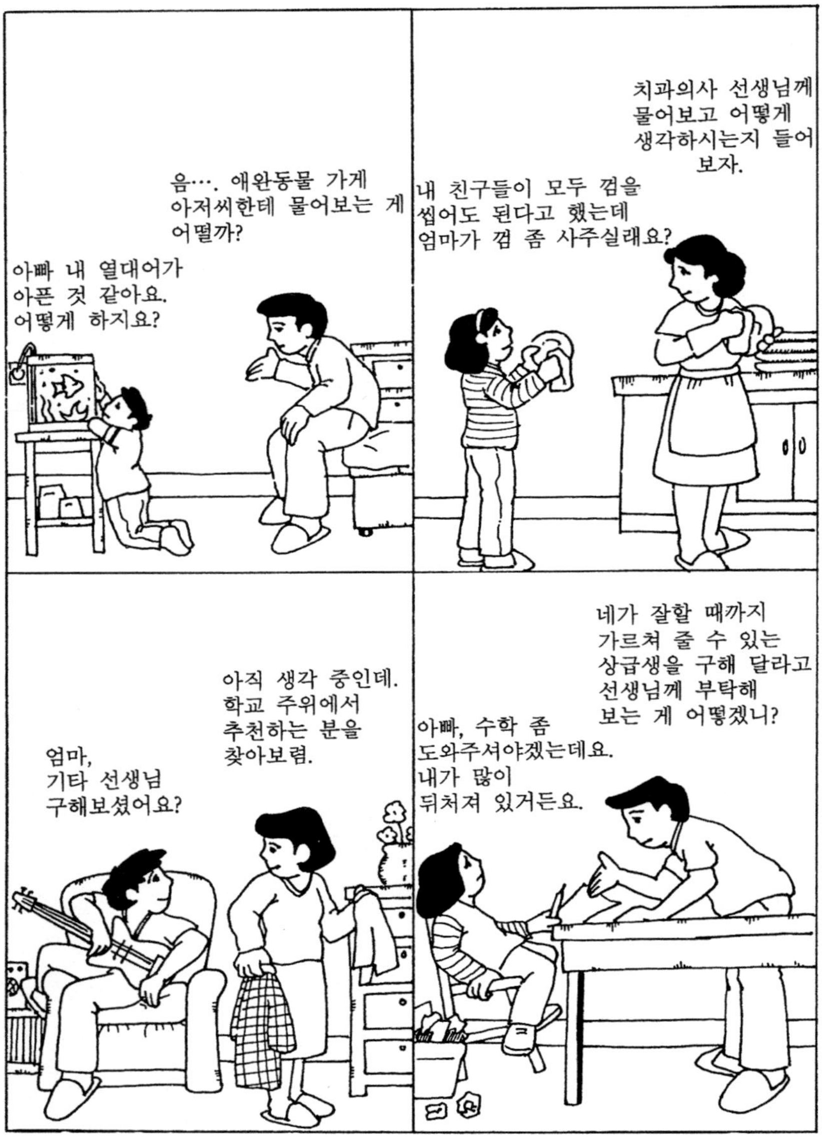

* 출처 : 김지은 · 김진숙 역(1997), 자녀와의 사랑만들기.

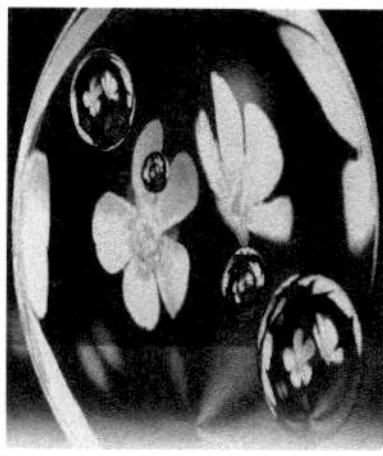

참고 문헌

강문희 · 장연집 · 박혜원(1997). 아동문제 및 행동수정. 서울 : 양서원.

공인숙 외 7인역(2000). 부모교육. 서울 : 창지사.

교육부(1997). 유아의 문제행동지도를 위한 부모교육자료.

김광수 외 4인(2003). 대학생과 리더쉽. 서울 : 학지사.

김광웅 편저(1999). 유아행동지도. 서울 : 교육과학사.

김미경 편저(1998). 사랑으로 키워주세요. 서울 : 동서문화원.

김미경(1999). 성공으로 이끄는 신세대 엄마의 자녀교육. 서울 : 교육아카데미.

김애순 · 윤진(1997). 청년기갈등과 자기이해. 서울 : 중앙적성출판사.

김인자 역(1989). 효과적인 부모역할 훈련. 서울 : 한국심리상담연구소.

김정신 · 정해은 · 조희진(2004). 유아예절교육. 서울 : 교문사.

김정택 · 심혜숙(1991). MBTI. 서울 : 한국심리검사연구소.

김진숙(1988). 발달지체아동을 위한 응용행동분석프로그램개발과 부모교육을 통한 적용효과. 중앙대학교 박사학위 청구논문.

김진숙 · 김지은 역(1997). 자녀와의 사랑만들기. 서울 : 양서원.

김진숙 · 연미희 · 이인수 역(1990). 바람직한 자녀와의 대화방법. 서울 : 학문사.

김진숙 · 조문숙(역)(1993). 참부모역할. 서울 : 학문사.

김진영 외 2인(2000). 유아, 부모, 교사를 위한 부모교육. 서울 : 창지사.

김현주 · 손은경 · 신혜영(2000). 현장중심 부모교육. 서울 : 양서원.

김혜숙 외(1993). 바람직한 자녀지도를 위한 부모교육 프로그램 I : 자녀의 힘을 북돋우는 부모. 서울 : 청소년 대화의 광장.

남상인 외 (1994). 바람직한 자녀지도를 위한 부모교육 프로그램 II : 자녀의 힘을 북돋우는 대화. 서울 : 청소년 대화의 광장.

남상인 외 (1995). 바람직한 자녀지도를 위한 부모교육 Ⅲ : 바른행동의 길 다지기. 서울 : 청소년 대화의 광장.

남상인 외 (1995). 바람직한 자녀지도를 위한 부모교육 Ⅳ : 생활의 기를 세우기. 서울 : 청소년 대화의 광장.

남상인 외 (1995). 바람직한 자녀지도를 위한 부모교육 V : 어울려 사는 지혜 기르기. 서울 : 청소년 대화의 광장.

문미옥 · 이혜상(1995). 바른 부모교육 프로그램. 서울 : 양서원.

문용린(1993), 나는 어떤 부모인가. 서울 : 열린.

문태식(1992). 우리가 아이를 사랑한다는 것은. 서울 : 양서원.

박성연 · 도현심(1999). 아동발달. 서울 : 동문사.

박찬옥 역(1999). 부모가 꼭 심어야 할 아름다운 가치. 서울 : 한울림.

심혜숙 · 곽미자 역(1998). 성격유형과 양육태도. 서울 : 한국심리검사연구소.

연미희 (1994). 한국부모에 대한 P.E.T 부모교육 프로그램의 적용성 평가. 경희대학교 박사학위 청구논문.

연미희 · 김진숙 (2001). 부모교육 이론과 실제. 서울 : 동문사.

유안진 · 김연진(2003). 부모교육의 이론과 실제. 서울 : 동문사.

이경우 편역 (1986). 당신도 유능한 부모가 될 수 있다(STEP). 서울 : 창지사.

이민정(1995). 이 시대를 사는 따뜻한 부모들의 이야기 1, 2. 서울 : 김영사.

이성진 · 홍준표(1984). 행동수정의 원리. 서울 : 교육과학사.

이숙 외 3인(2003). 훈련중심 부모교육. 서울 : 학지사.

이은화 외 (1999). 유아기 자녀를 위한 총체적 부모교육 프로그램. 서울 : 창지사.

이재연 · 김경희 (1993). 부모교육. 서울 : 양서원.

이형득 외(역)(1988). 부모교육. 서울 : 형설출판사

정보인(1992). 행동수정을 통한 어린이 문제행동 지도, 서울 : 중앙적성출판사.

조복희 편(1995). 아동발달의 이해. 서울 : 교육과학사.

조천제 역(2003). 칭찬은 고래도 춤추게 한다. 서울 : 21세기북스.

채규만 외 3인 공역(1996). 부부가 함께 말하기와 듣기. 서울 : 한국가족상담교육연구소.

한국아동학회 편(1989). 부모교육이론과 적용. 서울 : 국민서관.

한국지역사회교육중앙협의회(1996). 부모에게 약이 되는 이야기 : 자율성, 독립심을 가진 아이로 키우기. 22호

한국지역사회교육중앙협의회(1996). 부모에게 약이 되는 이야기(통권 27호) IQ와 EQ 무엇이 다르고 무엇이 중요한가. 27호.

홍경자 역 (1995). 현대의 적극적 부모역할 훈련(ATP). 광주 : 한국심리교육센터 출판부.

Magee, Trish(1998). Raising a happy confident successful child. MA : Adams Media Corporation.

Samalm, Nancy & Whitney, Catherin(2003). Loving without spoiling. NY : MC Graw-Hill.

Sternberg, Laurence(2004). The 10 Basic Principles of good parenting, NY : simon & Schuster.

저자 소개

연미희

- 미국 Oregon State University(Ed.M. 유아교육 전공)
- 경희대학교 대학원(가정학 박사, 아동학 전공)
- 현, 명지전문대학 유아교육과 교수
- 역 · 저서 : 바람직한 자녀와의 대화방법(1990), 부모교육 이론과 실제(2001), 영유아생활지도(2003)

김진숙

- 경희대학교 대학원(석사, 아동학 전공)
- 중앙대학교 대학원(이학박사, 아동학 전공)
- 전, 경희대학교 교육대학원 전문교육자과정 주임교수, 서원유치원 원장, 청소년 대화의 광장 부모교육 교수요원
- 현, 경희대학교 교육대학원/평생교육원 강의 한국유아교육센터 부모교육, 교사교육 지도
- 역 · 저서 : 참부모역할(1993), 자녀와의 사랑만들기(1992), 아동행동관찰(1999)

배우는 부모, 행복한 아이

초판발행 2006년 2월 20일
재판발행 2023년 3월 5일

저 자 연미희 · 김진숙
발행인 김현태
발행처 태영출판사

주 소 (08371) 서울 구로구 디지털로31길
전 화 02·839-3757, 839-3752
팩 스 02·837-3754
등 록 2005년 5월 30일 제12-421호
E-mail tys2005@hanmail.net
ISBN 89-91777-35-X 93370
정 가 12,000원